〈シリーズ監修〉二村 健

ベーシック司書講座・図書館の基礎と展望 9

図書館施設特論

福本 徹 〈著〉

学文社

〈ベーシック司書講座・図書館の基礎と展望〉 緒　言

　本シリーズは，新しい司書課程に照準を合わせて編纂した。周知のように，平成20年6月11日，図書館法が改正，ただちに施行された。そのなかで，第5条だけが平成22年4月1日の施行となった。当然，22年から新しい司書課程を出発させなければならないと考え，諸準備に没頭した。しかし，実際に蓋を開けてみると，さらに2年先送りされ，全国的な実施は平成24年からとされたのである。私の所属する大学では，すでにさまざまな準備に着手していたので，旧法の下で，新しいカリキュラムを実施することを選んだ。つまり，全国より2年先駆けて司書課程を改訂したのである。

　もちろん，そのためのテキストはどこにもなく，最初の授業は板書とプリントでおこなった。このシリーズの各巻には，実際に授業をおこなった試行錯誤が反映されている。授業の羅針盤は，図書館界に入った多くの卒業生の存在である。この実績が私たちの支えである。

　この間，これからの図書館の在り方検討協力者会議では，議論の末，司書課程の位置づけが変わった。これまでの司書課程は，現職の図書館員に資格を与えることを目的に，司書講習で講述される内容と相当な科目を開設している大学で，司書資格を与えることができるとされていた。新しい司書課程の位置づけは，図書館員としての長い職業人生（キャリア・パス）の入り口を形成するというものである。大学生は社会人未満である。社会人である現職図書館員との違いをどこにおくか，これが新しい司書課程の核心である。

　その違いをシリーズ名に表したつもりである。これからの司書課程では，キャリア・パスの入り口を形成するための基礎・基本の講述が重要である。何よりも図書館の意義を理解し，図書館を好きになってもらわなければならない。その後に，図書館員としての長い職業人生が待っている。そして，それに向けての展望がなければならない。以下に本シリーズの特徴を記す。

●**内容の厳選**：これまでの司書課程の教科書は，現職者向けという性格上仕方がなかったが，とにかく内容が高度であり，詰め込みすぎた観がある。それを，3月まで高校生であった新入生にもわかりやすい内容にまとめることをめざした。そのため，できるかぎり，内容を厳選する必要があった。どれも大事に思えたなかで，何を削ぎ落とすかで非常に悩んだ。新しい研究成果を取り込むのは当然としても，これに振り回されて総花的になることは避けたかった。普遍性のあるものは，古いものでも残すことにし，温故知新を大事に考えた。

●**1回の授業＝1章**：最近の大学では授業を15回きちんとおこなうことが徹底されている。そこで，本シリーズも15章立てにし，1回の授業で取り上げる内容を1章に記すことにした。実際の授業は，受講者の反応をみては重要なポイントを繰り返して説明したり，ときには冗談を言ったりしながら進む。90分間で講述できることは思った以上に少ない。参考になったのが，放送大学のビデオ教材を制作したことである。本シリーズでは，放送大学の教科書よりは，

さらに文字数を少なめに設定した。その分，担当教員の工夫次第で，確認小テストをしたり，ビデオや写真などを利用して授業が進められるよう，余裕をもたせた。

- **将来を見据えた展望**：多くの大学では，15回目の授業を試験に当てることがおこなわれている。そこで，各巻の最後の章は，その分野の展望を記すことにした。展望とは，今後どうなっていくかの見通しである。あるいは，未来予測に属することが含まれ，予測ははずれることもあるかもしれないが，できるだけ新しい話題を盛り込んだつもりである。シリーズ名の意図をはっきりさせるためでもある。
- **わかりやすい図表**：直感的にわかるように，図表を豊富にいれることを各執筆者にお願いした。図表も大きく見やすく掲載できるように，判型も通常の教科書に多いA5判ではなくB5判を採用した。
- **豊富な資料**：実際の授業では，教科書のほかに，教員がプリントを配布したり，パワーポイントのスライドで補足したりと，さまざまである。教科書といいながら，『図書館法』の全文すら資料として掲載していないものがあるのは，どこか違うと思っていた。そこで，できるだけ，教員がプリントを作らなくてもすむように，資料集を充実させることに努めた。
- **参考文献**：これからの司書課程は，図書館員としてのキャリア・パスの入り口を形成するものである。平成20年の図書館法改正で明記されたが，図書館員になっても，研修会に参加するなど，各自の務めとして研鑽を積む必要がある。内容を精選した分を，参考文献を読んでいただくことによって，補えるように配慮した。参考文献は入手可能という点を第一に考えた。
- **自宅学習のための設問**：90分の授業に30分の自宅学習，併せて2時間が1コマの学習である。そのため，各章ごとに設問を2問程度用意した。このことにより，通信教育の学生にも利用していただけると思う。

本シリーズは，文部科学省令に規定された全ての科目を網羅するものではない。不足の部分は，他の専門家の学識に委ねたい。不完全ながらも，本シリーズが日の目を見ることができ，シリーズ各巻の執筆者に深甚なる謝意を表する。このシリーズがわが国の司書養成に役立つことを願うのみである。

平成23年6月6日

二村　健

第9巻 『図書館施設特論』 巻頭言

　図書館施設はその図書館におけるさまざまな活動と密接不可分である。つまり，図書館施設が図書館活動を規定し，また，図書館活動が図書館施設を規定する。ある活動をおこなうには，それ相応の施設が求められるし，よい図書館運営にはよい図書館施設が必要である。逆に，施設だけは立派でも活動がともなわなければ，よい図書館とはいえない。この両方が備わって，はじめてよい図書館といえるのである。

　本書は，新しい司書課程科目（省令科目）の「図書館施設論」に相当する教科書である。「図書館施設論」は選択科目として規定されているが，本書の内容は，図書館新設・改装や，図書館活動の際に司書としてもっておかなければならない知識である。

　本書を執筆するにあたり，明星大学の二村教授には科目開設前から現在にいたるまで，さまざまなご示唆をいただいた。最初に，科目担当と本書執筆の話をいただいたときには，思わぬ大役にどうなることかと思案したが，ようやく発行までこぎつけることができ，厚く御礼申し上げたい。また，編集者の二村和樹氏には，何度にもわたる校正そのほかにおいて多大なるご迷惑をおかけした，お詫びとともに感謝申し上げたい。明星大学では省令科目改定に先立ち平成22年度より実施しているが，この間に私の講義を受講した学生からも多くの意見や要望をいただいた。一人ひとり名前はあげられないが，この場を借りて深く感謝を申し上げたい。

　本書によって，多くの図書館が美しく，機能的で，使いやすくなれば，望外の喜びである。

　　　　　　　　　　　　　　　　　　　　　　　平成24年2月10日

　　　　　　　　　　　　　　　　　　　　　　　　　　　　　　福本　徹

目　次

第1章　場としての図書館 …………………………………………………………6
1.はじめに（6）　2.図書館施設と人・図書館員（6）　3.図書館施設と「図書館の設置及び運営上の望ましい基準」（7）　4.図書館の種別（8）

第2章　図書館システムと地域計画 …………………………………………12
1.図書館基本構想と図書館ネットワーク（12）　2.図書館地域計画（13）　3.図書館計画（13）　4.具体的なサービス網計画と配置計画（13）　5.サービス水準の決定（16）

第3章　建築計画 ………………………………………………………………18
1.施設環境の改善（18）　2.建設手順の流れ（18）　3.建築計画書の内容（19）　4.建築計画にあたっての具体的な着眼点（20）　5.建築設計（21）　6.施工者の選定から引渡まで（24）

第4章　規模計画 ………………………………………………………………25
1.規模計画のむずかしさ（25）　2.規模計画の考え方（25）　3.種々の制約条件（26）　4.防災による制約（27）　5.具体的な規模計画（27）　6.ゾーニングと動線（28）

第5章　図書館建築の構成要素（1）……………………………………………30
1.図書館建築の構成要素（30）　2.利用部門の計画（30）　3.業務部門の計画（33）　4.外部環境（34）

第6章　図書館建築の構成要素（2）……………………………………………36
1.開架閲覧スペース（36）　2.書架と閲覧スペースの配置（36）　3.書架レイアウト（37）　4.児童閲覧室・児童閲覧スペース（39）　5.レファレンススペース・レファレンス室（39）　6.新聞・雑誌スペース（40）　7.視聴覚スペース（40）　8.インターネット接続環境とパソコンについて（41）　9.自習室・自習スペース（42）

第7章　図書館建築の構成要素（3）……………………………………………43
1.書庫の目的と計画（43）　2.書庫の形態（44）　3.書庫の設計（45）　4.書庫へのアプローチ（47）

第8章　図書館の内装計画 ……………………………………………………49
1.図書館家具（49）　2.書架（49）　3.机と椅子の配置（50）　4.カウンター（51）　5.自動貸出機・自動返却機・検索機・予約機（52）　6.サイン計画（53）　7.ユニバーサルデザイン（54）

第9章　環境計画 ………………………………………………………………56
1.照明計画（56）　2.空調計画（57）　3.防災計画（58）　4.音（59）　5.図書館犯罪（60）

第10章　複合・併設館について ………………………………………………62
1.複合化にいたる理由（62）　2.複合館のメリット・デメリット（63）　3.複合館の分類（63）　4.複合館の設計（64）　5.複合館の現場から（66）　6.複合館の現状（67）

第11章　図書館建築の実例 ……………………………………………………68
1.渋谷区立中央図書館（68）　2.足立区立中央図書館（69）　3.町田市立中央図書館（71）　4.茨城県立中央図書館（73）

第12章　図面と図学の基本 ……………………………………………………76
1.図書館司書と図面（76）　2.図学とは（77）　3.主投影図（77）　4.斜投影図（78）　5.模型の作成（79）

第13章　バーチャル図書館の設計と表現 …………………………………………81
　1.バーチャル図書館の設計　(81)　2.ソフトの選択　(82)　3.バーチャル図書館の実例　(83)

第14章　バーチャル図書館の評価 …………………………………………………86
　1.バーチャル図書館の評価　(86)　2.コンペ形式による発表　(86)　3.バーチャル図書館と総合評価落札方式　(87)

第15章　展　望 ………………………………………………………………………90
　1.施設の維持と更新　(90)　2.RFIDの導入　(91)　3.PFIについて　(92)　4.指定管理者制度　(93)
　5.民間との協業について　(94)

巻末資料 …………………………………………………………………………………96
　1.日野市立図書館基本計画の構成　(96)　　2.建築基準法（抄）　(98)
　3.建築基準法施行（抄）　(101)　　　　　　4.質の高い建築設計の実現を目指して
　　　　　　　　　　　　　　　　　　　　　　－プロポーザル方式－　(107)
　5.バリアフリー化基準　(110)　　　　　　　6.図書館におけるRFID導入のためのガイドライン　(114)
　7.公共サービス基本法　(116)

　索　引 ………………………………………………………………………………119

1 場としての図書館

　図書館を建築すること自体はそう頻繁にあることではない。図書館員として建築にたずさわる機会は，一生に一度あるかないかであろう。しかし，その一度が大変重要なのである。図書館施設に関する知識は絶対不可欠である。日々の運営自体が，施設や建物のあり方と密接にかかわることは，いくら強調してもしたりない。本章では，場としての図書館について基本的なことを取り扱う。

第1節　はじめに

　2008（平成20）年の社会教育調査によると，図書館数（同種施設を含む）は3165館と，はじめて3000館を超えた。しかしながら，地方公共団体における図書館設置率は72.6％（市98.0％・町59.3％・村22.3％）と，図書館サービスを身近に受けられる環境にない国民も依然として多い。図書館の数は足りているわけではなく，むしろこれからまだまだ必要なのである。

　図書館とは，建物のなかに書架と机と椅子があればよい，というものではない。生涯学習施設の中核を担うものとして，地域の文化の中心として，情報拠点として，趣味へ誘うものとして，快適な空間を利用者に提供する施設であるべきである。

　一方で，図書館は，そこで働く職員にとっても，働きやすい空間でなくてはならない。図書館は，人間同士の交流の場でもあるからである。レファレンスサービスはもとより，催しや集会といった活動も重要で，人が集う場所なのである。

　だからといって，建物や空間の美しさを追求するあまり本来の機能を阻害するものであってはならない。機能的であって，利用者にも職員にも快適・安全であって，かつ，見た目にも美しいという条件を満足させられれば理想的である。

第2節　図書館施設と人・図書館員

　図書館を建築する際には，さまざまな人々との協業が必要である。行政各部局（財政，土木，生涯学習）はもとより，設計者，市民（利用者）との意見交換は，よりよい図書館をつくるうえで重要なものである。このことは，全体構想段階から具体的な建築・引き渡しの段階まで図書館（司書）が積極的にかかわるべきであることを意味する。全体構想は教育委員会や生涯学習部へ，業者の決定（入札など）や予算措置は財政部署へ，具体的な建築については建築関連部署へと丸投げでは，よい図書館はつくることができない。

　もちろん，開館してからの図書館運営は図書館が主体的におこなうわけであるから，図書館施

設・設備に関する知識は，図書館員にとってなくてはならないものである。施設・設備のあり方が日々の業務の効率や利用者サービスの満足度などに多大な影響を与えることに思いいたらなければならない。市民（利用者）とのかかわりはもちろんのこと，外部委託，指定管理者制度[1]，PFI（Private Finance Initiative）[2] といった仕組みにより，場としての図書館における図書館内外の人々との協業は必須のものとなってきている。

第3節　図書館施設と「図書館の設置及び運営上の望ましい基準」

2010（平成22）年に，「図書館の設置及び運営上の望ましい基準」が文部科学省より示された。今回の基準は，従前の基準のように公立図書館だけではなく，私立図書館も新たに対象に含めている。図書館施設にかかわるものとしては，以下の項目があげられる。

- 学習成果を活用しておこなう活動の機会を提供する事業の実施およびその奨励
- 情報技術の進展により記録媒体が多様化していることを反映し，図書館資料に電磁的記録も含まれること
- 紙媒体と電子媒体の組合せによるハイブリッド図書館の整備として，図書館は読書環境および情報環境の整備の双方をおこなう必要性
- 図書館は誰もが利用する施設であり，人的災害や自然災害などの災害に対して徹底した予防策を講じることと，館内外で発生が想定されるあらゆる事態に対する危機管理マニュアルを作成し，危機発生時に誰がどう行動するかを明確にしておく
- 都道府県立図書館と市町村立図書館は，資料および情報の収集，整理，保存および提供について計画的に連携・協力
- 公立図書館と行政部局，各種団体・機関との連携・協力
- 教育委員会は，地域住民がどこでも日常的に図書館サービスを利用できるよう，図書館サービスの拠点の拡大にも努める

貸出やレファレンスサービスだけではなく利用者が学習する場の提供，電子媒体・インターネット接続の整備，災害などの危機管理，図書館同士あるいは行政各部局や外部機関との相互協力体制の構築，図書館サービスの量的な拡充，について指摘がある。生涯学習の場・新しいメディアの利活用・危機管理・外部連携，図書館の絶対的な数の不足といった現代の図書館が直面する課題である。

図書館の経営や運営にこうした点を取り入れるためには，相応の施設が必要となる。生涯学習の場の提供のためには集会室や展示スペース，新しいメディアには AV 機器・パソコン・インターネット接続や防音された空間[3]，危機管理には防災設備，外部連携には通信・物流・打合せ設備などである。建築時に考慮すべきことでもあるし，実際の運営上でも手がけていく事柄でもある。

第4節　図書館の種別

　図書館は，館種によって扱う資料，サービス対象，サービス方針などが異なる。館種の分類は，国立図書館，公共図書館，大学図書館，学校図書館，専門図書館に分けられる（詳しくは，本シリーズ第1巻を参照）。このほかに，保存図書館，文書館などがある。

a. 国立図書館

　ユネスコによる「図書館統計の国際的な標準化に関する勧告」では，「法律又は他の規則により当該国において発行されたすべての重要な出版物を取得し及び保存し並びに「納本」図書館としての機能を果たす責任を有する図書館である」とされている。また，「全国出版物目録を作成し，外国の文献（自国に関する図書を含む）の大量の代表的コレクションを収蔵し及びこれを常時整備し，全国文献情報センターとしての業務を行ない，総合目録を編集し，並びに，過去に遡及して全国出版物目録を刊行する機能を有するもの」とされている。そして，「「国立」と呼称されている図書館であっても，その機能がこの定義に相当しないものは「国立図書館」に分類してはならない」ともされている。

　一般的な概念としては，国が設置・運営する図書館であるが，定義としての国立図書館は，「一国で発行された出版物を納本制度によって収集し保存し，また，目録を作成し提供する」という特別な使命を帯びた図書館である。日本では国立国会図書館がこれに相当し，国立国会図書館法等の定めによって，東京本館と関西館，国会分館，国際子ども図書館（カバー写真），および最高裁判所や国の行政機関に27館が設置されている。納本制度は国会図書館法第24条～第25条に規定されている。インターネット上の情報についても網羅的に収集（第25条の3）することとなった。

b. 公共図書館

　図書館法第2条によって「図書，記録その他必要な資料を収集し，整理し，保存して，一般公衆の利用に供し，その教養，調査研究，レクリエーション等に資することを目的とする施設で，地方公共団体，日本赤十字社又は一般社団法人若しくは一般財団法人が設置するもの（学校に附属する図書館又は図書室を除く。）」と定められている。

　「平成20年度社会教育調査」によると，地方公共団体における図書館設置率は72.6%（市98.0%・町59.3%・村22.3%）であり，都道府県単位での地方公共団体別設置率は100（富山・石川・福井）～47（福島）%，1館あたりのカバー面積も5.5（東京）～325（岩手）・580（北海道）km^2と差が大きい。図書館サービスを身近に受けられる環境にない国民も依然として多い。図書館の数は足りているわけではなく，むしろこれからまだまだ必要なのである。

　公共図書館は，館の目的や規模から，館外貸出などのサービス網の拠点としての地域図書館と，高度な調査研究や資料収集を主たる目的とする中央図書館に分けることができる[4]。地域図書館はその地域における第一線図書館として，市民の日々の利用に応えるものである。中央図書館は地域図書館を資料・人材・サービスからサポートするとともに，さまざまな資料を収集・保存す

るという目的をもつ。この分類は，本館・分館というカテゴリ区分ではないことに注意したい。おおむね，都道府県立図書館や政令指定都市の本館が中央図書館に該当するものである。

c. 大学図書館

大学設置基準が定めるところにより，大学・短期大学・高等専門学校など高等教育機関におかれるものである。大学図書館を中心として，学部の種類や規模などに応じて，図書・学術雑誌・視聴覚資料その他の教育研究上必要な資料を系統的に備えることとされている。また，大学の教育研究を促進できるよう，専門的職員，適当な規模の閲覧室と座席，レファレンス室，書庫などを備えるものとする。

図書資料と電子ジャーナル等のデジタル資料の両方を提供するという観点から，従来の情報処理センターやコンピュータ室を併せて，メディアセンターというかたちをとる大学もある。また，最近とみに注目を集めているのが，ラーニングコモンズとかインフォメーションコモンズとかいわれるスペースである。カフェや協同学習スペースを備えた総合学習環境を提供する場であり，あわせて，コンピュータや図書館サービスも利用できる[5]。

大学図書館の利用形態の特徴としては，館内での学生の自習，季節や時刻によって大きく変わる利用者数（試験期間中は増加するが休業中は減少する），研究室への長期貸出，多様な資料形態，電子ジャーナルの多数の利用などがあげられる。

近年の傾向として，電子ジャーナルの費用が増加している。理工系・医学薬学分野において速報性が重視されること，学際的な分野が増えて購読タイトルが増えること，電子ジャーナル自体の価格も上昇していることなどが理由としてあげられる。それに伴い，一般資料にかけられる費用が減少傾向にある。研究と学習のバランスをどのように保つかが課題となっている。

d. 学校図書館

学校図書館法第2条には，学校図書館とは「図書，視覚聴覚教育の資料その他学校教育に必要な資料を収集し，整理し，及び保存し，これを児童又は生徒及び教員の利用に供することによって，学校の教育課程の展開に寄与するとともに，児童又は生徒の健全な教養を育成することを目的として設けられる学校の設備」とあり，第3条によって設置が義務づけられている。また，学校図書館の専門的職務を司るために，12学級以上の学校には司書教諭をおかなければならない。

学校図書館においても大学図書館と同様に，電子資料やインターネット接続を包括して，学習情報センターやメディアセンターというかたちをとっている学校もある。この方向を追求することが未来へ向けての学校図書館の課題である。

従前までは，学校図書館の機能は読書指導が中心であったが，調べ学習や探究活動といった課題解決型の学習の実施によって，学校図書館はその中心として重要な役割を担うこととなった。そのための蔵書の充実はもとより，協同学習をおこなうためのスペース，最新の情報を得るためのインターネット環境，児童生徒の活動を支援するデジタル機器といった施設面の整備も重要である。

社団法人全国学校図書館協議会は，1990（平成2）年に「学校図書館施設基準」[6]を定め（1999

年改訂），学校図書館の活動を達成するためには最低これだけの施設が必要であるという必要最低条件を示した。これは，「学校図書館施設の基本原則」「スペースごとの最低必要面積」「建築および設備の条件」の3部から構成されているものである。一般的な図書館のスペースはもとより，展示，共同学習，児童生徒の委員会，教職員のための空間といった学校図書館に固有のスペースについても述べられている。

e. 専門図書館

専門図書館は，特定の主題や資料について収集するものや，研究機関・学会・官公庁・企業のなかにあってそれらの業務に関する目的をもった利用者を主たる対象とするものである。日本国内には2009（平成21）年現在で1761館が存在している。一般には公開していない場合もあり，公開していても会員制であったり，紹介状が必要であったり，予約が必要といった制限がある場合もある。また，企業の研究所に附設されている場合には，一般にはその図書館の存在を知られていない場合[7]もある。

資料の内容は専門的であり，特定少数の利用者にサービスをおこなうということになる。じっくりと調査研究をおこなうためのスペースや，多くの資料を効率的に保管する書庫が求められる。

専門図書館とよく似た施設として，特定の形態に特化した資料を収集・保存する機関がある。NHKアーカイブセンターはテレビ番組に特化したものであるし，国立メディア芸術総合センターはメディア芸術に特化した資料を収集する予定であった。とくに，メディア系の資料は散逸が激しいため，このような施設は絶対に必要となるものである。

f. その他の施設

保存図書館は，資料の保存に特化した図書館であり，資料の保存を確実にするとともに，収蔵効率を高める狙いがある。類似の機能としては，多くの図書館で同じ資料を保存するのではなく，分担収集・分担保存を目的としたものもある。立教大学図書館新座保存書庫は保存を目的とした図書館である。このほか，国立国会図書館関西館も保存機能を備えていると解釈できる。

文書館は，主として行政機関がもつ資料や公文書を保管するものと，地域の古文書や古記録を保存するもの，あるいはこの両者の機能を兼ね備えたものである。前者については行政として保管期限が経過したものを，後世への記録として保存し，のちの行政判断に生かすという目的がある。後者については，保存先が不明確なもの[8]について一括して担当するものである。国がもっている公文書については，国立公文書館において保存する。

設 問

(1) 公共図書館において，「運営上の望ましい基準」を満たすために司書が担当する役割について900字程度に整理せよ。
(2) 図書館員が果たすべき役割について，館種ごとに述べよ（900字程度）。

参考文献
1. 植松貞夫［ほか］『よい図書館施設をつくる JLA図書館実践シリーズ 13』日本図書館協会，2010年
2. 同上『図書館学シリーズ9 図書館建築 ―施設と設備―』 樹村房，1981年
3. 日本図書館協会図書館ハンドブック編集委員会編『図書館ハンドブック 第6版補訂版』日本図書館協会，2010年
4. 栗原嘉一郎編著『図書館の施設と設備 現代図書館学講座13』東京書籍，1988年
5. 小川俊彦『図書館を計画する』勁草書房，2010年
6. 本田明［ほか］『図書館員選書15 図書館施設を見直す』日本図書館協会，1986年
7. 文部科学省『平成20年度社会教育調査』
8. 全国学校図書館協議会『学校図書館施設基準』1999年
9. 専門図書館協議会編『専門情報機関総覧2009』

注
1) 公の施設の設置の目的を効果的に達成するために法人その他の団体に施設の管理をおこなわせることができる制度。地方自治法第244条の2第3項～第11項に定められている。
2) 民間の資金，経営能力及び技術的能力を活用した公共施設等の整備等の促進を図るための制度であり，詳細は「民間資金等の活用による公共施設等の整備等の促進に関する法律」によって定められている。
3) AV機器はもちろんのこと，パソコンのキータッチ音は意外に響くものである。ほかの利用者に迷惑にならないようにするためにも，防音された空間は必要な設備である。詳しくは，第9章で扱う。
4) 規模と目的による分類では，分館と移動図書館，地域中心館，広域参考図書館という分け方もある（植松ほか，1981）。
5) たとえば，金沢大学ラーニングコモンズ http://www.lib.kanazawa-u.ac.jp/kulic/index.html ('11.10.31現在参照可)。
6) http://www.j-sla.or.jp/material/kijun/post-38.html ('11.10.31現在参照可)。
7) 企業にとってみれば，積極的に広報する意味はないし，広報しても一般から利用できなければ意味はないし，所蔵資料の傾向から企業秘密が漏えいする危険もある。
8) 社会教育施設のうち，美術的価値があるものは美術館，歴史・芸術・民俗・産業・自然科学等に関する資料であれば博物館，資料として使われるものは図書館という区分けはある。

2 図書館システムと地域計画

　この章では，配置計画と規模計画について扱う。図書館は1つの館がもっている資源のみでサービスをおこなうのではなく，互いに連携・協力してサービスの範囲を拡大していくことが必要である。そのためには，サービスを展開する元となる業務の協力が不可欠である。

　利用者に対するサービスでは，どこに・どんな規模の図書館を配置すれば最も利用者にとって利便性が高まるか，あるいは，図書館の運営が効率化されるかを考慮しなくてはならない。

第1節　図書館基本構想と図書館ネットワーク

　図書館基本構想（計画）とは，都道府県や市町村における公共図書館の基本的性格，機能，サービス計画，施設計画などを記述したものである。これは個別の図書館建設や図書館運営はもとより，資料の収集方針や利用者へのサービス提供，さらには将来計画の指針となるものである。事例として，東京都日野市における図書館基本計画の構成を巻末資料1に示す。日野市の例では，図書館を取り巻く現状，基本理念・方針，重点的な取り組み内容，部門別計画から構成されている。個別の図書館を1つつくるにあたっても適当に建ててよいものではなく，市町村や県全体の図書館計画のなかでその館をどのように位置づけるかという計画の検討が必要である。

　また，都市化・過疎化，高齢化などによって住民の年齢構成や意識は変化する，基本構想を未来永劫まで固定せずに，住民の変化に合わせてつくり替えることも必要である。

　図書館同士の協力には，相互貸借や文献複写などといったさまざまな目的がある。こうした目的に応じて図書館同士が協力することを相互協力といい，地域内や同一館種などなんらかの範囲において組織化したものを，図書館ネットワークあるいは図書館システムという[1]。図書館ネットワークあるいはシステムの構築は，目的や内容によって異なったものとなる。資料提供であれば，中央館と分館という関係が元になり，中央館にも所蔵していない場合には，中央館が窓口となって都道府県立図書館あるいはほかの市町村の図書館へと照会をおこなうことになる。専門的な文献の複写であれば，近隣の（当該専門分野をもつ）大学図書館などへ照会する。レファレンスサービスであれば，専門図書館も照会の範囲となるであろう。

　こうしたネットワークのなかで最も基本的なものが，公共図書館における中央館と分館，移動図書館との関係である。分担収集・保存，貸出，移動図書館の運用などにおける，基本的な単位である。

第2節　図書館地域計画

　基本構想を受けて図書館地域計画がまとめられる。これは図書館サービスの全体像を示すもので，図書館サービス網計画と図書館配置計画から構成される。図書館サービス網計画はどのようなかたちで具体的なサービスを利用者に届けるかを示すものであり，図書館配置計画は具体的な施設の配置計画である。サービス網計画には，コミュニティセンター図書室や学習等供用施設などの図書館類似施設[2]をも含んだ計画として，利用者の利便性を向上させることが望ましい。配置計画には，分館・中央館とともに，移動図書館の巡回箇所も含める。分館（地域図書館）は住民の身近にあって，貸出・予約・読書案内・軽易なレファレンスサービスをおこなうとともに，読書会や催しといった活動をおこなう。移動図書館は，分館が設置できない地域に対して，巡回型の貸出・予約サービスをおこなう。中央館（地域中心館）は図書館システムの中心として分館や移動図書館の活動を支援するとともに，貸出とともにレファレンスサービスを提供する[3]。

第3節　図書館計画

　図書館計画書は，図書館の地域計画を受けて新しい図書館の姿をまとめたものである。図書館計画書は，具体的なサービスや活動の中身を示したサービス計画書と，その器となる建築のあり様を示した建築計画書（第3章参照）から構成される。サービス計画書の具体的な内容としては，以下のようになる。

- サービスの目標：貸出冊数，レファレンスサービス，館外サービス
- 資料関連：蔵書構成，配架方針，年間受入冊数，収容力
- 来館利用の想定：登録率，利用者数
- 他組織との連携：行政各部局，図書館類似施設，学校図書館との連携（団体利用，団体貸出）
- 運用組織・人員
- コンピュータシステム

　図書館計画書によって，図書館関係者や利用者が新しい図書館の具体像を共有することができる。

第4節　具体的なサービス網計画と配置計画

　まずは，サービス対象となる区域の計画条件を設定する。条件としては，①住民の資料や情報に対する要求をどの程度図書館で満たすかに関するサービス目標水準，②地理的条件・街の中心部と周辺部の関係・住民の日常動線（通勤通学や買物）といった地域の特性，③サービス対象人口（人口構成を含めて）とその将来予測の3点である。サービス目標水準は，住民1人あたり年間貸出冊数と，そのために必要な1人あたり受入冊数が基本となる。

a. 生活中心と図書館の位置

　最も基本的な方法[4]としては，生活中心を目安として設置するというものである。生活中心とは市民の生活動線が集中する位置のことであり，一般的には商店街がそれにあたる。図書館は商店街の一端，それも住宅地側の一端に設置することが望ましいとするものである。生活中心は1つとは限らず，いくつかのパターンに分けることができる。図2-1は4つのパターンに分けて示したものである。Ⅰ.は単心構成であり，市町村のなかに生活中心として大きなものが1つある。この中心に中央館を1つ置き，周辺を移動図書館でカバーする。ほかのパターンと比べて移動図書館が占めるウエイトが大きくなる。Ⅱ.は2心構成であり，同じような生活中心が2つある。同じ規模の2つの市町村が対等合併すると，こうしたケースとなりやすい。この場合，1つの中心に中央館と，もう1つの中心に中央館と同じ規模の分館が必要となる。Ⅲ.の多心構成は，いくつかの生活中心が並列し，とくに大きな中心が存在しない場合である。いくつかの市町村が合併したり，古くからの中心とは異なった位置に大規模ニュータウンが造成されたり，都市計画によって新たに業務都市がつくられたなどさまざまな事情がある。この場合，それぞれの生活中心に分館が必要で，かつその分館は独立して十分なサービスができる程度の大きさが必要である。東京都日野市はこの例である。Ⅳ.は衛星的構成であり，大きな生活中心の周りにいくつかの小規模な生活中心がある。大きな生活中心に中央館を設置し，小規模な生活中心ごとに分館を設置する。生活中心のまわりの生活圏の状況によって，たとえば児童館であったり，ビジネス関係資料が中心であったりするなど，蔵書構成を変化させることも有効である。このほかには，川崎市のように，行政的な中心（市庁舎など）はあるものの，近隣に巨大な生活中心があり，通勤・通学や買物の流れが市外へと向かっている市もある。

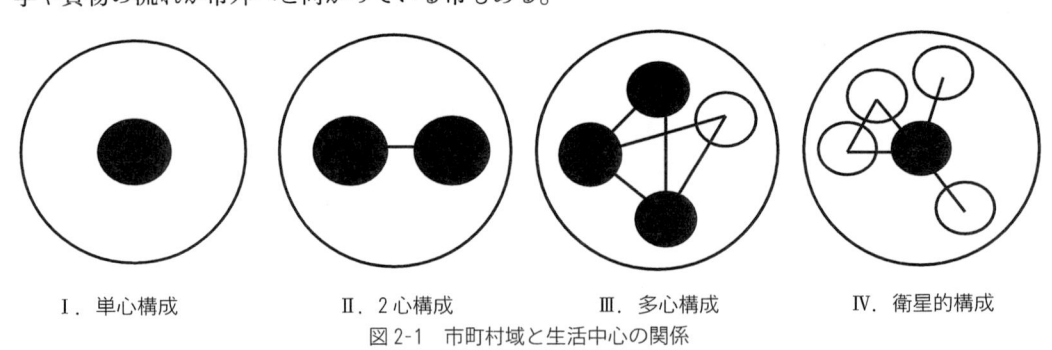

　　　Ⅰ．単心構成　　　　Ⅱ．2心構成　　　　Ⅲ．多心構成　　　　Ⅳ．衛星的構成
図2-1　市町村域と生活中心の関係

b. 分館の位置

　a.で述べたように生活中心に図書館を配置するのが基本であるが，生活人口・世帯構成・生活動線など実際の都市の状況を細かく考慮して，分館の配置を決定するモデル[5]について扱う。
　住民の図書館利用は，図書館からの距離が離れるに従って急速に減少するが，その減り方は同心円状ではなく，住民の日常動線（通勤通学・買物など）に従った型となる。図書館利用が一定の水準となる点を結び，その範囲を示したものを利用圏域という。開架規模の大きな図書館ほど

図書館受持率が高くなり，その結果利用圏域は広くなり，また，図書館に近いほど一人あたりの貸出冊数は多くなるといわれている。そして，都市部と町村部では図書館までの交通手段や生活動線のちがいによって，利用圏域の形が若干異なる。

図書館受持率は，住民が1年間に読む本の数（総読書数）のうち，図書館の蔵書が占める比率をいう。小型館（蔵書5万冊未満）では図書館受持率が低くなり，大型館（10万冊以上）では高くなる。

図2-2は小型館における利用圏域モデル図を示す。X→X'の方向に生活動線が向いており，たとえばX'の方向には駅や大規模ショッピングセンターがある。生活動線の途中に図書館がある場合には利用が増えるが，反対方向の場合は近い距離であってもなかなか図書館へは行かないことを示している。そのため，卵型のモデルとなる。図2-2は，図書館受持率30％の場合の一人あたり年間貸出冊数3冊の水準を示したものである。図2-3は，大型館における利用圏域モデル図である。図書館受持率は60％とし，一人あたり年間貸出冊数3冊の水準を示したものである。小型館と大型館とでは形は似ていても，一人あたり年間貸出冊数3冊の水準の範囲が大型館のほうが広いことがわかる。

町村部では，生活動線が求心的になる。これは公共施設が役場に近い町村の中心部に集中しているためである。また，交通手段も自家用車が主であり，用務のためにさまざまな方面から中心へと住民が移動してくる。そのため図2-4に示すように，図書館の利用圏域は市部より広く同心円状になる。図の点線で示したのは一人あたり年間貸出冊数6冊の範

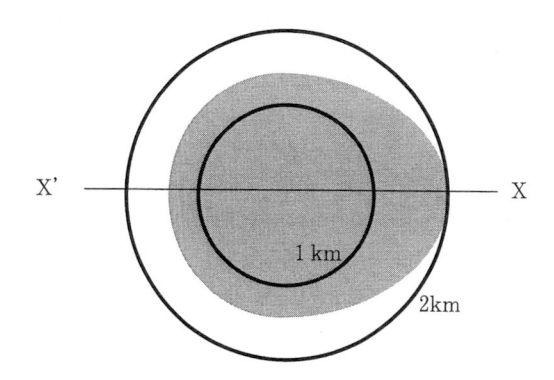

図2-2 市部における小型館の
利用圏域モデル図

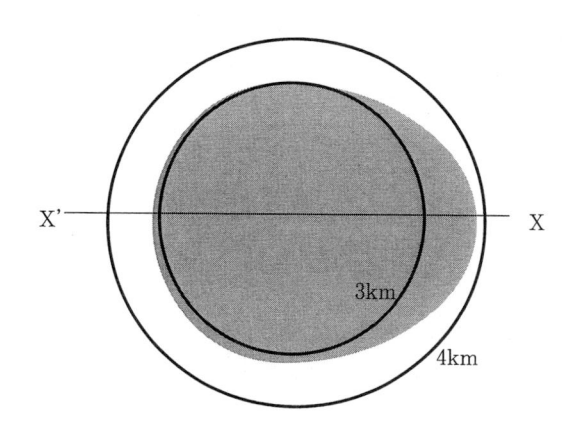

図2-3 市部における大型館の
利用圏域モデル図

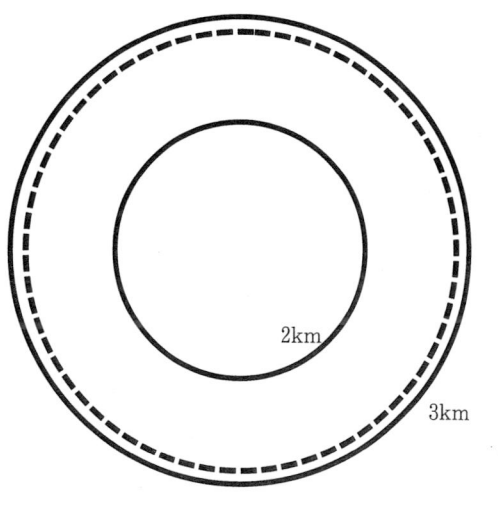

図2-4 町村部における
利用圏域モデル図

囲である。利用圏域が広いのは，①自家用車による利用比率が高い，②書店などの数が限られていて図書館受持率が高いなどの理由が考えられる。

c. 中央館の位置

　中央館は，図書館システムの中心として分館や移動図書館の活動を支援するという重要な役割がある。それとともに，周辺住民に対する地域図書館としての役割も併せもつ。規模の最も大きな地域図書館（分館）ともいうことができる。

　中央館にしかない資料を求めて来館したり，蔵書数の多さが選択の多さにつながると考えて来館する利用者が多い。公共の交通機関の利用が便利な場所であることとともに，自家用車での来館も多くなることから駐車スペースも広く確保する必要がある。また，分館への資料配送や移動図書館の基地ともなるので，各分館ともつかず離れず，幹線道路へのアクセスを確保する必要がある。そして，古くなったり貸出頻度が落ちた蔵書を保存する機能が求められるため，将来の拡張性も考慮する必要がある。

d. 建設順序

　順序としては，まず中央館からつくってサービスを確保するという考え方と，地域に密着した分館からつくるという考え方の二通りがある。

　まずは分館からつくり，利用者は身近な図書館サービスによって利用体験を積み，職員が第一線でのサービスについて一通り経験を蓄積する。その後，こうした経験をもとに，中央館に盛り込むべきサービスや施設を十分に理解し研究したうえで，中央館の建設へと向かうほうがよい。財政的にも，いきなり中央館を建設するには支出が多く見えてしまい，近年の財政状況では思ったような施設にならない可能性が高い。分館であれば，最低限のコストでサービスの経験を積むことはできる。また，先に中央館を開設してしまうと，分館の必要性を各方面（首長，議会，財政当局など）に理解してもらうことは意外にむずかしいのである。分館のなかでの建設順序は，原則的に対象人口が多い館からとすべきであるが，現実的な対処（用地買収の問題など）も必要となろう。

第5節　サービス水準の決定

　サービスの基準としては，目標貸出冊数と蔵書新鮮度（または年間購入冊数）が指標となるであろう。

　サービスの決定には，まず，サービス対象人口，読書量の推定，図書館受持率を見積もる。サービス対象人口は図書館近辺の人口だけではなく，通勤・通学による昼間の人口流入や，将来の人口予測も考慮に入れる。読書量は住民の属性によっても異なるが，おおむね成人1.5冊／月，児童6冊／月といわれている。図書館受持率とは，読書量のうち図書館の書籍を読む割合である。

　これらの数値から，目標貸出冊数が求められる。

　　　目標貸出冊数（冊／月・人）＝読書量×図書館受持率

これにサービス対象人口を掛けると，総貸出冊数が算出できる。たとえば，読書量1.5冊／月，図書館受持率30％とすると，サービス対象区域1人あたりの目標貸出冊数は0.45冊／月となる。サービス対象人口が6万人とすると，総貸出冊数は2万7000冊／月となる。

つぎに，蔵書新鮮度を考える。蔵書は新しいものほど利用率が高いことが知られている。貸出冊数を増やすには新しい蔵書を数多く揃えるのがよいが，予算には限りがある。古くなった蔵書は，中央館の書庫などに保存することになる。

「蔵書新鮮度＝年間購入冊数／蔵書数」で定義され，6～7年で蔵書を一新するにはこの値が0.15程度となる。蔵書が6万冊規模で蔵書新鮮度が0.15とすると，年間9000冊の購入となる。

この場合，2万7000冊／月の貸出を6万冊の蔵書でサービスすることになり，1冊が年平均2.2回貸し出されることになる。

設問

(1) 自分が住んでいる（あるいは通学先）市町村の図書館基本計画を入手し，その内容を分析せよ。
(2) (1)で入手した図書館基本計画を元に，ほかに必要なデータを入手し，具体的な図書館配置計画を作成せよ。

参考文献
1. 植松貞夫［ほか］『よい図書館施設をつくる JLA図書館実践シリーズ13』日本図書館協会, 2010年
2. 同上『図書館学シリーズ9 図書館建築 ―施設と設備―』樹村房, 1981年
3. 日本図書館協会図書館ハンドブック編集委員会編『図書館ハンドブック 第6版補訂版』日本図書館協会, 2010年
4. 栗原嘉一郎編著『図書館の施設と設備 現代図書館学講座13』東京書籍, 1988年
5. 中村恭三・栗原嘉一郎「地域図書館の規模別利用圏域モデル―公共図書館の設置計画に関する研究10―」『日本建築学会計画系論文集』第496号, 1997年, pp.97-104
6. 日本図書館協会編『市民の図書館』日本図書館協会, 1970年

注
1) 栗原嘉一郎編著『図書館の施設と設備 現代図書館学講座13』東京書籍, 1988年, p.26。
2) 教育委員会所管外であって，書籍の閲覧・貸出等を行う施設。地域によっては一部の地区センターや学習等供用施設が，教育委員会ではなく行政各部局の所管である場合がある。
3) 日本図書館協会図書館ハンドブック編集委員会編『図書館ハンドブック 第6版補訂版』日本図書館協会, 2010年, p.391。
4) 日本図書館協会編『市民の図書館』日本図書館協会, 1970年, pp.107-108。
5) 中村恭三・栗原嘉一郎「地域図書館の規模別利用圏域モデル―公共図書館の設置計画に関する研究10―」『日本建築学会計画系論文集』第496号, pp.97-104。

3 建築計画

　この章では，図書館を建設するにあたっての具体的な建築計画と，計画から開館までの流れについて説明する。建屋の設計図面を描いたり施工にたずさわることは，専門の設計事務所や業者に依頼することになるが，設計にいたるまでの過程は図書館員として責任をもつべき範囲である。

第1節　施設環境の改善

　図書館の施設環境を改善する際に，外部の専門家に依頼することになるのは，模様替，増築・改築，新築（移転も含む），既存施設の用途変更などである。建築基準法第2条には，建築とは「建築物を新築し，増築し，改築し，又は移転することをいう」，大規模の修繕とは「建築物の主要構造部の一種以上について行う過半の修繕をいう」，大規模の模様替とは「建築物の主要構造部の一種以上について行う過半の模様替をいう」と定義されている（巻末資料2参照）。法規上は，建築とは新築・増築・改築をまとめた概念であって，大規模の修繕とは，壁・柱・床・階段などの主要構造物を半分以上にわたって修理したり手当すること，大規模の模様替とはそれらのうち1つについて仕上げや装飾をしなおすことである。

　軽微な模様替であれば，図書館スタッフのみで済ませることもできるが，各部屋の用途変更や設備等の移動を伴うといった大規模なものになれば，専門業者に依頼する必要があるだろう。それが建築基準法の適用を受ける規模であれば，図書館員の手に負えるものではない。

　既存施設の用途変更であっても，軽微な模様替によって内部をつくりかえるだけで済ませる，というわけにはいかない。大規模の修繕や大規模の模様替に相当する工事が発生するのであれば，当然に建築基準法の適用を受ける。また，その建物が建てられた時期によっては，たとえば，耐震基準や防火基準が変わっていることがある。とくに耐震基準については，1995（平成7）年の兵庫県南部地震（阪神・淡路大震災）以降，大幅に強化されている。個々の施設ごとに専門的な建築診断を受けたうえで，診断結果にもとづいた設計・施工が必要となる。

第2節　建設手順の流れ

　具体的な建設手順は，企画・計画・設計・施工・引渡の5段階（図3-1）に分けることができる。

　まず，企画段階では，建設目標を明確にする。計画委員会を立ち上げ，サービス目標や担うべき役割といった基本的な構想やその図書館のあるべき姿を策定する。また，財政当局と折衝を行い，予算的な裏づけを確保する。この段階での成果は，図書館基本計画書にまとめられる。

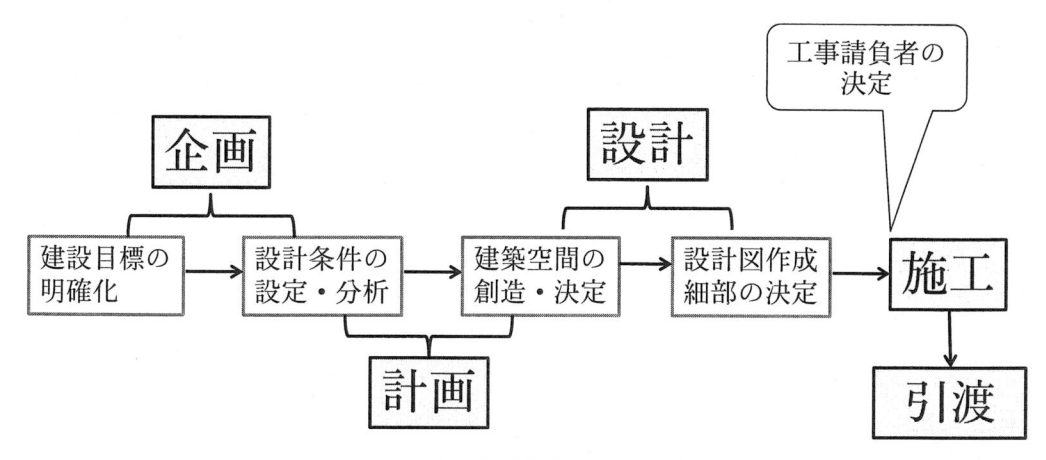

図3-1 図書館建設手順の流れ

　つぎに、計画段階では、企画段階を受けて、図書館サービスや運営方法を具体化するとともに、図書館活動に必要なスペースや設備などの条件を決定する。この段階での成果は、設計者に対する要望事項や制約事項を取りまとめたものとして、建築計画書がまとめられる。

　そして、設計段階では、計画段階で作成された建築計画書をもとに、設計者が中心となって建築空間を具体的に決定する。工事の実施に必要な設計図や発注仕様書が作成される。これらをもとに、土木当局等と連携して、工事施工者の入札を実施し、落札した者と工事契約を結ぶ。

　施工段階では、工事施工者によって建設工事がおこなわれる。設計図や発注仕様書にもとづいて実際の建物をつくり上げる。

　建築が終了した段階で、設計図面のとおりに建築されているかどうかを確認し、施工業者から引渡を受ける。

第3節　建築計画書の内容

　建築計画書とは、図書館サービス計画書（第2章参照）によって決定された図書館サービスにもとづいて、建築する図書館に必要な設備と機能、各部のスペースなどを記述したものであり、以下の項目からなる。

- 基本事項…敷地・構造・将来計画、景観構成
- 来館利用者の想定…人数、属性、利用特性
- 図書館の部門構成…名称、簡単な機能と構成
- 各スペースの要求事項…部門ごとに、具体的な機能・構成・必要面積・位置、資料の種類と量、サービス内容、他部門との関係（位置関係、人員）、机や椅子の数、カウンター構成、その他什器、コンセント位置・数、サインなど
- 屋外スペース…駐車場、駐輪場

公共図書館における具体的な構成要素は、表3-1に示す。

表 3-1 公共図書館における建築計画の構成要素

		地域図書館（分館）	中央館（地域中心館）
利用	貸出	・総合カウンター 　貸出，返却，レファレンス	・貸出カウンター
利用	検索	・資料検索スペース 　OPAC	・資料検索カウンター 　OPAC
利用	閲覧	開架閲覧スペース（細分化しないで大きなスペースを確保する；利用者属性ごとに分節化する） ・開架資料 　一般図書，新聞，雑誌，映像資料，ヤングアダルト図書，参考資料，郷土資料 ・ブラウジングスペース ・閲覧席 ・児童スペース 　児童図書 ・対面朗読室 ・インターネット端末スペース	開架閲覧スペース（主題や分類，資料の種別，利用者属性ごとに区切る） ・開架資料 　一般図書，新聞，雑誌，ヤングアダルト図書 ・閲覧席 ・映像スペース 　映像資料，電子メディア ・児童スペース 　児童カウンター，児童図書 ・書庫（開架または閉架）
利用	レファレンスサービス		レファレンスカウンター ・レファレンス資料 　参考資料，郷土資料 ・インターネット端末スペース ・パソコン使用可能室
利用	集会・会議	・集会室，グループ活動室	・集会室，グループ活動室，会議室 ・視聴覚ホール ・保育室 ・ボランティアルーム
利用	展示	展示スペース	展示室
業務	管理運営	館長室兼応接室 整理作業コーナー	館長室，応接室 資料装備室，選書室，連携作業室 コンピュータ室，録音室
業務	スタッフ 移動図書館	スタッフルーム，更衣室，湯沸室	スタッフルーム，更衣室，湯沸室 移動図書館書庫，仕分け室 移動図書館車・巡回車車庫

　建築計画が具体化するにつれ，内容が変化することも十分にありうる。建築計画書は将来の変更を許すものであり，変更した場合には変更点がわかるかたちで記録に残すことが大切である。

第4節　建築計画にあたっての具体的な着眼点

　建築計画を立てるにあたっての，具体的な着眼点についていくつか述べる。

a. 図書館は成長する有機体である

　図書館がおかれている条件は，未来永劫にわたって固定されたものではない。図書館の資料は，定常的に増加していく。周辺人口や住民の意識変化によって利用者が増減する。近年では，映像

や電子メディアといった新しいメディアへの対応、インターネット環境の提供といった新しいサービスの開始などもある。拡張性や融通性といった変化に対応できる設計にしておく必要がある。

b. 逐次施工について

近年の財政事情により土木予算や図書館予算には限りがあるため、1期工事・2期工事といったように、逐次施工をする場合がある。しかしながら、逐次施工は第1期において規模が小さくなり、蔵書数をはじめとしてサービスの点からも魅力的な図書館となり得ない場合が多い。財政が許すかぎり、1館単位で一気に建てるほうがよい。

c. 面積の目安

植松ほか（1981）によると、地域図書館では、開架貸出室の大まかな面積的な目安として、入口・カウンター・新聞雑誌・展示コーナーを含んで80冊／m²といわれている。これに事務室や集会室、機械室などの共用部分を含むと50冊／m²程度になろう。具体的には、蔵書5万冊規模の地域図書館では1000m²の延べ床面積となる。これを1つのガイドとして、前節で述べたような新しいサービスに対応した部分を付加する。

中央図書館では、貸出と閲覧だけではなくさまざまな機能が求められるため、一概に目安を出すことはできない。その館に求められる機能や提供するサービスから空間面積を割り出して、それらを積み上げていくことが必要となる。

大学図書館については、中央図書館と同じ方式で学生数や院生数、めざすサービスや学習環境から積み上げることが必要である。学習環境の例でいえば、図書館をラーニングコモンズ（第1章参照）とするならば、それ相応のスペースが必要となる。「図書館建築基準に関する報告」では、以下の数式にもとづくことが提案されているが、その後の資料の電子化や学習環境の変化に対応したものではない。

図書館の面積 $= 1.8U + 3.5G + 5.3 \times (R \times 1.5 - 0.21U - 0.336G) + 80T + 500$

図書館本館の面積については、上記算式により算出した面積にさらに500を加算するが、図書館本館の加算は大学1カ所とする。

R：当該団地の全蔵書冊数（単位千冊、千冊未満切り上げ）、U：当該団地の移動後の学部・専攻科・別科・短大の学生完成定員、G：当該団地の大学院生完成定員・T：受入雑誌タイトル数（単位千タイトル、千タイトル未満切り上げ）、カッコ内が負の数となる場合は0とする。

第5節　建築設計

建築設計では、図書館計画書の内容にもとづいて、具体的に建築物を設計する。物理的な条件と予算の制約のもとで、求められる機能を満たし、法令を遵守した建築を設計する。設計の成果は、最終的には、設計図面、仕様書、工事費の積算書にまとめられる。

a. 設計者の選定の方式

設計者の選定にあたっては、信頼できる設計者を選ぶことが重要である。図書館員と設計者と

の信頼関係によって，よい図書館が生まれる。設計者を選ぶ手段には，特命方式，設計競技，プロポーザル方式，資質評価方式，設計入札などがある。

特命方式は，これまでの実績やキャリアなどから信頼に足ると判断した個人や個別の会社と契約をする方法である。当該設計者・業者を選定した理由について，関係者（公共図書館なら住民，大学図書館なら教員・学生・保護者など）に明確に説明できることが重要である。

設計競技（コンペ）方式は，最も優れた設計案を選定するものである。プロポーザル方式は，そのプロジェクトにとって最も適切な創造力と技術力そして経験と実績をもつ「設計者（人）」を選定するものである。設計競技（コンペ）方式とプロポーザル方式とのちがいは，図3-2に示すように，選定する対象が「設計案」（コンペ）か「設計者（人）」（プロポーザル）かの点にある。設計競技ではできあがった設計案を選定するため，応募者と審査者に大きな労力がかかるとともに，選ばれた設計案からの大幅な設計変更はむずかしくなる。プロポーザル方式では，設計方針とアイデアによって設計者を選定するため，設計競技（コンペ）よりも労力は少ない。また，選定時点で設計案は確定してないため，設計案が確定するまでに設計者との十分な意見交換が可能であるという利点がある。資質評価方式（QBS方式）は，設計者の資質や実績を評価して選ぶものである。応募者の書類（資質表明書），代表作品の現地視察，設計者へのインタビューなどによって選考する。プロポーザル方式では選定時点で設計方針を提示するが，資質評価方式ではまったくの白紙状態である。そのため，設計に関する自由度は最も高くなり，設計者を選定したあとにじっくりと意見交換しながらの設計が可能となる。この3方式とも，図書館の専門家や建築の専門家を含んだ選考委員会を組織し，公平に選考したうえで，選考過程と選考結果は公表することが必要である。

設計入札は，競争入札でおこない，最も安い金額を提示した設計者に設計を委託するものである。発注者にとって手間がかからないこと（応募された作品や設計者の資質を審査するには労力が必要），発注先を選定する理由が明確で利害関係を疑われないこと，有力者からの恣意的な介入を排除できることといった利点はあるものの，設計料が安いからといっても，設計成果物が悪ければ，発注者の要求する性能・品質の建築物を得られないといった結果になりかねない（巻末資

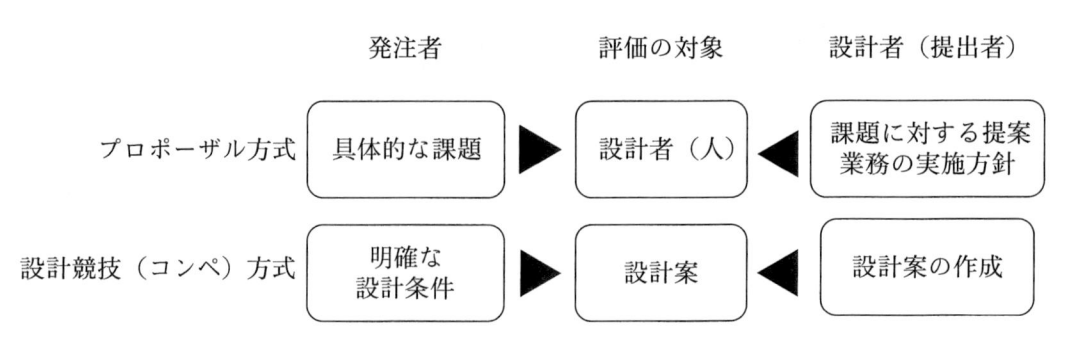

	発注者	評価の対象	設計者（提出者）
プロポーザル方式	具体的な課題	▶ 設計者（人） ◀	課題に対する提案業務の実施方針
設計競技（コンペ）方式	明確な設計条件	▶ 設計案 ◀	設計案の作成

図3-2 設計競技（コンペ）方式とプロポーザル方式のちがい
出典：国土交通省，2006

料4参照）という事態を生む可能性が大きい。

とくに，公共図書館をはじめとした官公庁施設については，「国民共有の資産として質の高さが求められることから，その設計業務を委託しようとする場合には，設計料の多寡による選定方式によってのみ設計者を選定するのではなく，設計者の創造性，技術力，経験等を適正に審査の上，その設計業務の内容に最も適した設計者を選定することが極めて重要」とされ，公共工事ではあるものの，設計入札ではなく，設計競技（コンペ）・プロポーザル方式・資質評価方式といった，審査を伴う方式が国からも推奨されている。

b．総合評価落札方式とは

総合評価落札方式とは，価格のみによる設計入札や競争入札とは異なり，価格と価格以外の要素を総合的に評価する落札方式であり，公共工事の品質確保の促進に関する法律，および地方自治法施行令第167条の10の2に規定がある。具体的には，入札者が示す価格と技術提案の内容を総合的に評価するものである。総合評価落札方式を採用することにより，利用者の満足度，品質や技術の向上，落札した企業の信用力の向上といった利点がある。

総合評価落札方式における一般的な性能，機能および技術の評価方法は，必須項目と加点項目に分けて評価をおこなう。必須項目は最低限の要求水準を設定したものである。加点項目は，発注者が重要度に照らし合わせて設定し，この要求要件を満たした提案について加点をおこなう。

最終的に，「評価値＝得点（＝必須項目＋加点項目）／入札価格」で定義される評価値が最も高い値となるものが落札者となる。

たとえば，A社・B社・C社の得点と入札価格が表3-2のとおりであった場合には，評価値がそれぞれ114，127，89となり，入札価格は最安値でなくても，加点項目と入札価格のバランスが最もよいとされるB社が落札者となる。図式化したのが図3-3である。

なお，決定基準を定める際および最終的に落札者を決定する際には，学識経験者の意見を聴取する必要がある。

表3-2　総合評価入札の例

	得点	入札価格	評価値
A社	80	7000万円	114
B社	95	7500万円	127
C社	85	9500万円	89

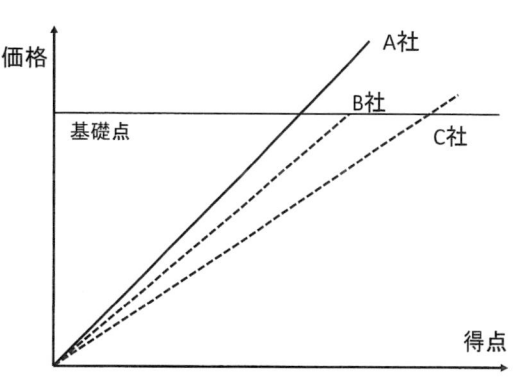

図3-3　各社の得点と価格

第6節　施工者の選定から引渡まで

　設計が終了し，建設工事をおこなう段階である。施工者を選ぶ際には，設計図面，仕様書，工事費の積算書などを示しての競争入札が一般的である。施工者が決定すれば，設計図面にもとづき詳細図面がつくられ，計画どおりに施工が進行する。この段階では，設計者が工事監理をおこない，設計図面どおりに建築施工が進行しているかどうかをチェックする。工事完了の段階では，発注者による竣工検査がおこなわれ，問題がなければ発注者への引渡となる。

設問

(1) 図書館における新しいサービスに必要な床面積を算定しなさい。本文中では新しいメディア（映像，電子メディア）への対応，インターネット環境をあげたが，ほかに考えられるサービスがあれば，それについても考えなさい。

(2) 設計競技（コンペ）方式・プロポーザル方式で設計された図書館の実例を探し，応募作品（設計者）と審査結果の概要を900字程度にまとめなさい。

参考文献

1. 国土交通省大臣官房『質の高い建築設計の実現を目指して』2006年　http://www.mlit.go.jp/gobuild/sesaku/proposal/2006-4.pdf（'11.12.5現在参照可）。
2. 「公共建築の設計入札について考える」㈳日本建築家協会　http://www.jia.or.jp/nyusatu/index.html（'11.12.5現在参照可）。
3. 国立大学図書館協議会図書館建築基準に関する特別委員会編『図書館建築基準に関する報告』1991年。
4. 植松貞夫［ほか］『よい図書館施設をつくる　JLA図書館実践シリーズ13』日本図書館協会，2010年。
5. 同上『図書館学シリーズ9　図書館建築　―施設と設備―』樹村房，1981年。
6. 日本図書館協会図書館ハンドブック編集委員会編『図書館ハンドブック　第6版補訂版』日本図書館協会，2010年。
7. 栗原嘉一郎編著『図書館の施設と設備　現代図書館学講座13』東京書籍，1988年。

4 規模計画

　図書館でなくても，何か建物を建設する際には適正規模をどのように見積もるかはむずかしい問題となる。まして，将来を見通した予測は簡単なものではない。本章では，規模計画と，規模と密接にかかわる動線計画，規模計画に大きく影響する防災上の制約について扱う。

第1節　規模計画のむずかしさ

　計画時の予測が開館後に大きく上回ることもあれば，その逆もある。いずれの場合にも利用者に不便をかけることとなってしまう。適正規模といういい方があるが，「適正」というとらえ方がむずかしいのである。

　利用者と職員によっても適正規模は異なる。利用者は，あまり混んでいなく，サービスを受けたいときに受けられることを望むであろう。職員は，適度な労働量と自己のキャリアアップなどを望むであろう。行政の視点では，できるだけ少ない予算で多くの効果（社会的波及効果）を得たいであろう。また，同じ利用者といっても同じ属性とは限らず，資料を得るためだけに利用したいので貸出返却を素早く最寄りの駅などでおこないたい，インターネットで資料を探して予約したい，休日に家族で図書館を訪れてじっくりと本を渉猟したい，自宅では使えないので図書館でインターネットを使いたいなどさまざまである。

　また，周囲との調和も考えなければならない。環境への配慮はもちろんのこと，周囲と不釣り合いな建築規模であれば景観を損ねることになるし，自家用車で訪れる利用者に比べて駐車場が不足していると周辺の渋滞を招くことになる。心無い利用者によって，近隣の人々に迷惑をかけることも考えられる。

　大学図書館の場合は，満席が続く閲覧席という状況のもとで，学生の学習に対応するべく閲覧席を増席すると，それが評判を呼んでまた満席となるという事態を生むことにもなる。

第2節　規模計画の考え方

　規模計画を考える際に考慮しなければならない事項は，①建物全体と個々の部屋の広さや高さ，書架や閲覧机の数，②開架冊数や座席数などの収容能力，③1日の来館者数など，ある時間帯の間にサービスできる処理能力（職員・モノの数を含めて）の3種類に分けられる[1]。まずは基本となる制約条件（周囲の環境，防災条件，予算など）があり，そして第2章で述べたように，需要予測（サービス水準）を決定し，それにもとづいて図書館としての収容能力や処理能力（事務作業・各種サービスを含めて）について決定し，無理なくサービスや事務を処理できる全体面積や内装

が決まることになる。

　来館者数は，図書館の魅力，図書館の必要度によって大きく変化する。魅力ある図書館を建てたことによって来館者数が飛躍的に伸び，貸出冊数が大きく増加した例もある。また，大学図書館であれば，試験期間の利用は多く，休業期間中の利用は少ないのが普通である。

　第3章でも述べたが，一般的な公共図書館（分館規模）の面積の目安としては，植松ほか（1986）によると，地域図書館では，開架貸出室の大まかな面積的な目安として，入口・カウンター・新聞雑誌・展示コーナーを含んで80冊／㎡といわれている。しかしながら，近年の図書館では新しいサービスが多くなされているため，一律に割合から計算するだけでは必要な床面積は割り出せず，当該サービスに必要な部分を付加することになろう。

第3節　種々の制約条件

　図書館の規模を考えるうえで制約条件となるのは，予算・敷地・周辺環境といった物理的要件，第4節で述べるような防災といった法規的な要件，機能・管理といった図書館としての要件に分けることができる。

　予算については無尽蔵というわけにはいかず，財政当局からは一定の制約が課せられている。予算以上の金額はかけられない。これは建築時だけではなく，開館後の運営においても，職員の人件費，資料購入費，空調設備，建物の修繕費用など日常的に使用する項目においても同様である。広いスペースがあるにもかかわらず，職員の人件費が足りない，空調予算がないといったことは避けなければならない。近年，国および地方公共団体では行政改革が叫ばれており，経費節減・総定数削減は公共図書館でも起こる話である。敷地については，広さ，形，道路との関係，地盤などを考慮する。地盤の弱いところではそれだけ建築予算がかかるし，敷地の形によっては建物の形に制約があって，結果としてサービスに影響を与える可能性もある。図4-1に示したように，三角形の敷地に長方形の床をもつ建物では，建物外の環境に工夫が必要となる。また，複合施設の場合にはほかの施設との関係も考慮しなければならないし，既存の施設を転用する際に

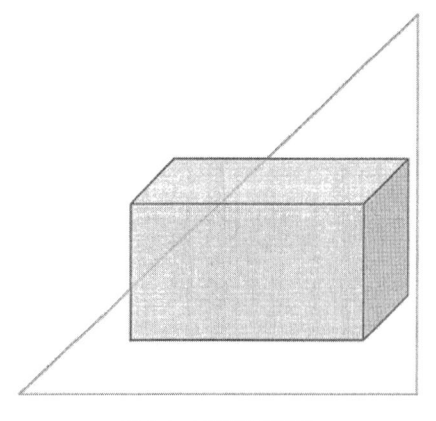

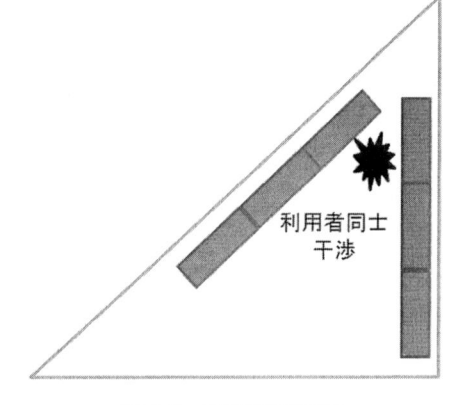

図4-1　三角形の敷地　　　　　　　　　　　図4-2　三角形の閲覧室

は制約はもっと厳しいものとなる。三角形の敷地だからといって図4-2のように床が三角形の閲覧室をつくると，奥まった部分で両方の書棚を利用しようとする利用者が干渉しあうことになってしまう。

法規的な要件は，建築基準法による建ぺい率・容積率はもとより，後述するように防災上の観点から1室の広さの上限が決定される。開架閲覧スペースを大きな1部屋で構成したいと欲したとして，3000㎡が上限である。

機能上の要件としては，図書館として機能するだけの最低冊数を所蔵することが求められる。それは，最低限2万冊とも3万冊ともいわれている。管理上の要件としては，たとえば配架や種々のサービスをまかなえるだけの職員配置はどの程度が適当かという議論となる。配架の乱れを最小限に保ち，レファレンスなどのサービスに対応し，貸出返却処理を滞りなく実行するとなれば，それ相応の職員数は必要となる。だからといって，職員を増やすには，予算的な制約（人件費など）がある。

法規的な要件を完全に満たしたうえで，機能的要件を十分に備え，かつ，予算等の物理的要件を両立させることが求められる。図書館員の腕の見せ所である。

第4節　防災による制約

建築基準法によると，耐火建築（61・62条）の基準は，防火地域内においては3階以上または延べ床面積が100㎡以上の建築物，準防火地域内においては4階以上または延べ床面積が1500㎡以上の建築物であり，大部分の図書館は耐火建築であることが求められている。また，煙や高温ガスの拡散を防ぐために防火区画（建築基準法施工令112条）を設定し，耐火構造の床や壁で1500㎡ごと（スプリンクラー設備，水噴霧消火設備，泡消火設備などの自動式の消火設備があれば3000㎡ごと）に区切ることも求められている。防火区画はシャッターや鉄扉で区切れるものであり，作動区域に物を置かないことが必須である（巻末資料3参照）。

つまり，各室は1500㎡あるいは3000㎡が基準の広さになる。開架スペースなどでこれ以上大きな部屋を設ける際には，防火区画が設定できる仕組みにする。すなわち，部屋のなかにシャッターや鉄扉を設置するとともに，その可動範囲には物（机・椅子・書棚など）を置くことはできない。見た目には，何も置かれない大きな空間ができることになる。

図書館の建物外部においては，緊急時のために，消防車の進入路を確保することも重要である。

第5節　具体的な規模計画

面積の目安については第3章で述べたとおりであるが，積み上げ法，分割法，原単位法[2]という考え方がある。

積み上げ法は各部分の各サービス区画の面積を決定し，それを1つずつ足していって図書館全

体の規模を決定する方式である。逆に，分割法は，全体の規模を最初に決定し，それを各部分に分配して決定するという方式である。似たような周辺条件で館種が同じであれば，各部分の面積は一定の比率になるという経験則にもとづくものである。

　原単位法は，単位数量からおおむね必要と思われる面積を算出する方法である。第3章で述べた，大まかな面積の目安や，大学図書館における必要面積の算定方法がこれにあたる。大まかな目安としては便利なものであり，計画当初に仮に算定する基準や，別の手法によって得られた面積を確認する際に有用である。計画中の図書館において必要とされる蔵書数と書架間隔（第6章参照），蔵書回転率にもとづいて，おおよその開架書架の必要数が決まり，それに応じた閲覧スペースを検討する要素となる。たとえば，小川（2010）の試算例[3]では，一連が90cmの書架には1段に30冊程度収容できるので，5段の書架では棚一面に175冊収容でき，両面では350冊となる。書架間隔が1.8mとすると，一連の書架には $1.8m \times 90cm = 1.62m^2$ の床面積が必要となる。これから $1m^2$ あたり約216冊収容できることがわかるので，10万冊を収容するには $460m^2$ 必要となることが予測できる。貸出中の書籍もあるので，実際にはすべての蔵書が書架上にあることは考えにくいから，収容可能冊数と蔵書数はイコールにはならない。

　いずれの方法もどれか1つだけで事足りるものではなく，実際には複数の方法を併用して，すり合わせと確認をおこなう。

第6節　ゾーニングと動線

　ゾーニングとは「図書館内のどこのスペースにどういう機能をもたせるか」を考えることである。一般家屋でいえば間取りに相当する。

　動線は人や物が動く軌跡のことであり，図書館においては利用者動線・職員動線・資料動線の3つを考慮する必要がある。動線計画の基本目的は「利用者にとって使いやすく，職員にとって管理しやすい」[4] 図書館にすることである。原則として，利用者動線と職員動線を分離しお互いができるだけ交差しないことと，動線は（とくに理由がない限り）できるだけ短くすることである。一般的な行動パターンとしては，利用者は「目的の場所にすぐに到達したい」が，職員は「利用者と無関係に動きたい」のである。ここで，職員エリアと利用者エリアの位置関係が考慮すべき重要な要素となる。たとえば，職員エリアのみにとどめておきたい情報（利用者の個人情報）や資料（未装備の資料など）は，利用者エリアへ出ていくことなく職員エリアのみで完結するようなゾーニングと職員動線にするべきである。また，移動距離が長くなると，それだけで億劫となるものである。ブックトラックを押したり本を抱えての長距離の移動は，職員にとって肉体的な負担が大きくなる。

　利用者動線と職員動線のほかには，外部からの訪問者動線（書店員，業者など）を考慮する必要がある。受入前の書籍を携えた書店員や，設備の点検をおこなう業者が，利用者動線と交差しないよう，直接職員エリアへ導く動線を確保する。

図4-3の事例では，利用者動線はカウンターから開架閲覧室へと一直線であるが，職員が事務スペースから開架閲覧室へ向かう際に利用者動線と当たることになる。また，左上方では，椅子を引いて立ち上がる利用者と，書架を見ながら書籍を選ぶ利用者が干渉することになる。

このように，ゾーニングと動線計画は密接に関係している。ゾーニングを決定すると動線がほぼ決まり，逆に動線計画を決定するとゾーニングが決まる。また，ゾーニングや動線を決定すると，利用者や職員の行動パターンを決定することになるため，どういった図書館サービスを図書館内のどの位置で，しかも（利用者・職員とも）労力を最小にして提供・享受するかという核心にかかわることになる。ゾーニングや動線は建物を使い始めてしまうと，容易に変更できるものではないので，設計段階で慎重に決定しなければならない。

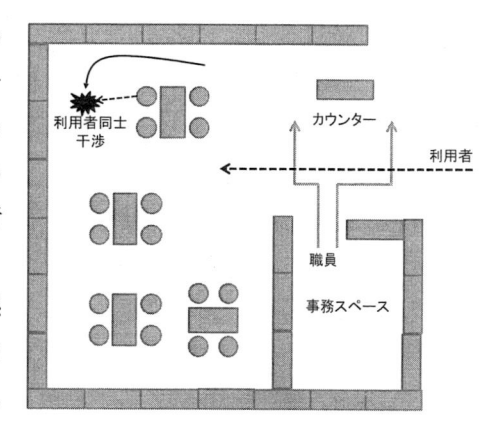

図4-3 干渉が生じやすい利用者動線の事例

設問

(1) 自分の市町村の公共図書館について規模計画を調べ，現状の図書館サービスや利用者の状況と照らし合わせてみよ。
(2) 図書館内における利用者の一連の動き（たとえば，入り口→開架閲覧室→貸出）と利用者属性を想定したうえで，あるべき動線計画について900字程度で具体例を述べよ。

参考文献
1. 植松貞夫［ほか］『図書館学シリーズ9 図書館建築－施設と設備－』樹村房，1981年
2. 日本図書館協会図書館ハンドブック編集委員会編『図書館ハンドブック第6版補訂版』2010年
3. 栗原嘉一郎編著『図書館の施設と設備 現代図書館学講座13』東京書籍，1988年
4. 小川俊彦『図書館を計画する』勁草書房，2010年
5. 植松貞夫『建築から図書館をみる』勉誠出版，1999年
6. 同上「総論：図書館の成長・変化に対応した施設改善」『情報の科学と技術』55巻11号，pp.468-473，2005年
7. 植松貞夫［ほか］『よい図書館施設をつくる JRA図書館実践シリーズ13』日本図書館協会，2010年

注
1) 植松貞夫「総論：図書館の成長・変化に対応した施設改善」情報の科学と技術，55巻11号，2005年，pp.468-473。
2) 同上『建築から図書館をみる』勉誠出版，pp.34-35。
3) 小川俊彦『図書館を計画する』勁草書房，pp.111-112。
4) 植松貞夫［ほか］『よい図書館施設をつくる JRA図書館実践シリーズ13』日本図書館協会，p.42。

5 図書館建築の構成要素(1)

　本章と次章では，図書館建築を構成する各スペースと構成要素について概説する。本章と次章で扱う建築物としての図書館と，第8章で扱う図書館の内装とは密接不可分の関係にある。建物としての図書館を，図書館の内部空間として成立させているのが図書館家具に代表される内装である。図書館を設計する際には，図書館の内装をイメージして作業を進めていく必要がある。前章でふれた（建築基準法による）大規模の修繕や大規模の模様替の対象となるかどうかで章を分けているが，第6，7章も合わせて通読されたい。

　また，建築要素のうち，開架閲覧室とそれに付随する部分については第6章で，書庫については第7章で扱い，本章では建築の構成要素を概説する。

第1節　図書館建築の構成要素

　公共図書館における具体的な構成要素例は第3章の表3-1に示したが，建築という観点からみると，スペースを区切る要素（床や柱，床の材質），スペース内部（入口まわり，開架閲覧室，児童スペース，レファレンススペース，レファレンス室，書庫，集会室，事務室など），スペース内部に存在する要素（カウンター，積層書架，AV機器・パソコンスペース，移動図書館車関連設備など）に分類することができる。このほか，外部環境（案内板，施設へのアプローチ，駐車場・駐輪場）などが含まれる。

　また，近年では，ユニバーサルデザイン（滑らない平らな床，通路幅，エレベータなど）といった概念も重要である。バリアフリー法（高齢者，障害者等の移動等の円滑化の促進に関する法律および同施行令）では，図書館は特定建築物および特別特定建築物に指定されている。

第2節　利用部門の計画

a. 入口まわり

　利用者用の入口はわかりやすく入りやすいようにつくる。図書館の規模が小さければ，玄関ホールは逆に威圧感を与えてしまうのであえてつくらずに，入口から開架閲覧室へ直結してもよい。寒冷地であれば，風除室の設置が必要となろう。

　集会室を設けた図書館であれば，集会後のざわざわした雰囲気と閲覧室の静けさを分離するために，玄関ホールをつくる。

　管理上の見地から利用者用の入口は1カ所とし，図書館外から開架閲覧室への利用者動線を限定するのがよい。この動線上にカウンターを設置することで，利用者の出入りの確認が容易になっ

たり，利用者にとっては本の返却手続きなどが素早くおこなえるという利点がある。また，ここに後述するBDSをおくことで，資料の出入りを確実に押さえることができる。

b. **カウンター**

カウンターは，職員と利用者との接点である。図書館の案内，貸出・返却，レファレンスサービスといった，定常的なさまざまなサービスはカウンターでおこなうのがほとんどである。

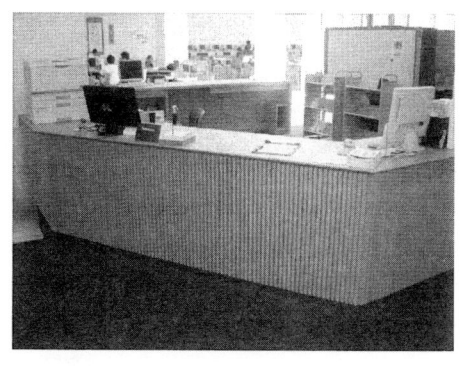

写真5-1 カウンター後方にブックトラック

カウンターの種類と数には，総合型と分散型の二通りが考えられる。総合型は，1つのカウンターですべてのサービスをまかなうものである。分散型は，サービスごとに専門のカウンターをおき，貸出・返却，レファレンスサービス，児童，書庫入室といったサービスによってさまざまなカウンターを配置する。カウンターの設置は，効率性と機能性・専門性によって決定する。多くのカウンターを配置すれば専門性は高まるが，多くの職員が必要になるし，利用者がサービスごとにカウンターを選択しなければならなくなる。開館前の計画では，さまざまなサービスを展開するように多くのカウンターを配置したが，開館してみると想定していたよりもサービス頻度が少なく，職員配置の見直しによって，結果としてカウンターが展示スペースとなってしまったなどという例も聞かれる。

カウンター位置は，開架スペース全体が見渡せ，利用者からもわかりやすい場所が望ましい。背後には，返却された資料を置く場所（ブックトラック）や，予約された資料を置く書棚など，作業スペースを十分確保したい。事務作業室と直結した位置であれば，業務の繁閑に応じてカウンター応援などサービスの充実とともに業務の効率化がはかれる。また，職員動線と利用者動線が交差しなくなるという利点もある。

カウンターそのもの（高さや作業姿勢など）については，第8章で扱う。

振り返り型　　　　　　横向き型　　　　　対向型

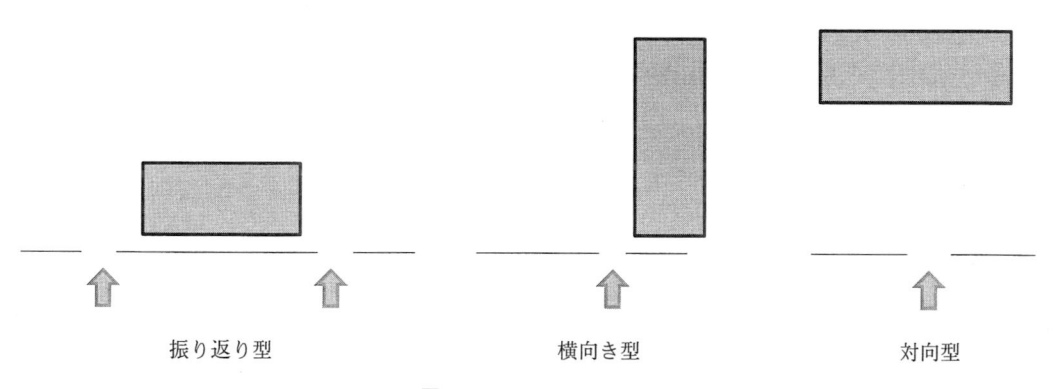

図5-1 カウンター配置

c. 入口とカウンター配置[1)]

　入口とカウンター配置との関係は，振り返り型・横向き型・対向型（図5-1）が一般的である。対向型は，利用者が入館時にカウンター内にいる職員と視線が交わり，心理的負担を与える場合がある。振り返り型は，利用者の動きが折り返す格好になることや，慣れない利用者がカウンター位置を見失ったりすることもある。

　横向き型や振り返り型が推奨されるが，事務室や開架閲覧室の位置をはじめとして，ほかの条件なども考慮して決定すべきである。

写真5-2　BDS

d. BDS（Book Detection System）

　公共図書館や大学図書館では，利用者が多く，開架閲覧スペースでの自由な資料の閲覧がおこなえるため，資料の不正帯出が起こりうる。これを防ぐために，資料に磁気テープ（これをタトルテープという）を装着し，磁気に反応するゲートを出入り口付近に設置する。貸出手続きの際に資料に装着した磁気テープから磁気を抜くことで，ゲートには反応しない。逆に，不正に持ち出される資料は磁気を帯びているため，ゲートが反応する。写真5-2はゲートの例であり，手前のカウンターで貸出手続きをおこなう。

　近年ではRFID技術を用いてICタグを利用したものが普及してきている（第15章参照）。

e. 集会室

　集会室は，図書館の利用を促進させるために館が主催する各種の催しや講座，市民団体の学習会や講習，研修などの場として設けられる[2)]。また，近年では，公民館の代替としての地域のコミュニティ施設という要望も高まっている[3)]。具体的には，大小に使える集会室や研修室，それに付随するロビーや湯沸室，大きな図書館では視聴覚ホールなど，館の性格づけによって異なる。

　集会室をつくる場合に考慮すべき点として，利用者動線の問題がある。前にも述べたが，集会後のざわざわした雰囲気と閲覧室の静けさを分離することが必要である。また，開架閲覧室の利用時間と集会室の利用時間が異なる場合には，開架閲覧室を通らずに出入りできる動線を確保しておく必要がある。こうした点から，集会室はBDSの外側（いわゆるノーチェックゾーン）に配置することが多い。ただし，お話し会など，図書館の蔵書を用いた集会をおこなうというケースもあり，施設として設計しておくのか運用でまかなう（このケースの場合は，必ず貸出をおこなうようにする）のかは，考慮すべきポイントである。

f. ユニバーサルデザイン

　特定の弱者を対象としたものではなく，誰にとっても使いやすい図書館でなくてはならない。出入り口の幅，閲覧室内外の通路幅，傾斜がなく滑りにくい床面，車椅子やベビーカーでも使いやすいエレベータなどに配慮する必要がある。車椅子のままでエレベータに乗ったり書架に向かう際にはその場で回転や向きを変える動作になる。このような場合に必要な幅を考慮しないで設

計したため，結果として中途半端な幅になっている場合がある。具体的には幅80cmの車椅子だと回転するのに150cmは見ておく必要がある。エレベータ内も同様である。近年では階によって開く方向が異なるエレベータもあり，このような設備の導入も（地域におけるユニバーサルデザインのモデル事例になるような図書館として）検討したい（巻末資料5参照）。

第3節　業務部門の計画

a. 事務室

職員が業務に使用する空間として，執務スペースと作業スペースが必要である。執務スペースは事務作業をおこなう場所であり，作業スペースは配架準備や修復，他館への資料配送の準備などをおこなう場所である。小規模な図書館では，両者は一体化させるほうが効率的であるが，図書館の規模と部門構成によっては，両者を別スペースとする。作業スペースは7～10㎡といわれている[4]が，現場からは10㎡は必要であるという報告[5]もある。

事務室内は，ブックトラックが行き交うとともに，近年の事務作業にはパソコンが必須である。電源や配線がブックトラックの邪魔にならないよう，フリーアクセスフロアとすべきである。

また，各種催しや選書の打合せに対応できるよう，会議室も設置しておきたい。

b. スタッフラウンジ

職員が，食事や休憩等をとるスペースである。図書館では一般的に昼休みに閉館することはない[6]。職員は交代で休憩を取ることになる。その際に，勤務中の職員と休憩中の職員が混在することは，使用者が労働基準法第34条による休息時間を与えていないと見なされかねない。職員にとっても，業務と休憩のメリハリをつけるというメリットもない。

スタッフラウンジには，職員がくつろげる環境を整えておく。畳敷きとしたり，ベッドにもなるソファを準備することで，救護室兼用とし，利用者の緊急時（体調が悪いなど）の救護に対応できるようになる。

c. 倉庫

忘れられがちではあるが，意外と重要なのが倉庫である[7]。図書館には，細々とした用品や物品が多い。例をあげると，広報用の紙やトイレットペーパーなど消耗品を保管する，イベント用資材を置く，忘れ物を保管する，補修用資材のキープなど多岐にわたる。事務室やスタッフラウンジに保管するには大きいものや汚れているものもある。だからといって，すぐに処分するわけにもいかず，どこかには保管しなければならないものばかりであり，倉庫の役割は地味であるが，忘れてはならないものである。

d. 移動図書館車関連設備

移動図書館用の図書は，開架閲覧室の図書をそのまま利用する方法と，移動図書館車用の図書を開架閲覧用とは別に準備する方法とがある。前者の場合は仮置き用の書架が，後者の場合は専用の書庫が必要となる。

移動図書館車車庫へのアクセスは，図書を積み込み・積み下ろす際に（図書も職員も）雨に濡れないこと，職員スペースからアクセスできること，作業環境維持のために外気を遮断する（できれば冷暖房完備），排気ガスを逃がすための換気設備などが条件となる。移動図書館車関連設備は，図書館本館と一体でありシャッターなどで閉め切ることができる駐車スペースと，その周辺であることが望ましいことになる。移動図書館車は図書館の外を巡回するのであるから，公道へのアプローチは必須である。

　複合施設の場合は，図書館と階が分かれる可能性もある。専用アクセス（エレベータなど）があればよいが，共用アクセスの場合は移動図書館に必要となるだけの設備は絶対に確保しなければならない。例をあげると，ブックトラックを多く積み込めるだけの容量をもったエレベータ，荷物用に「開延長」ボタン，また，資料搬送のために図書館が優先使用権を確保する仕組みなどである。

第4節　外部環境

a. 施設へのアプローチ

　図書館は，外部からみて一目で図書館だとわかりやすく，入りやすい施設にする。駅や主要道路には，図書館への案内板を設置する。図書館に近づいたら入口はどこにあるかをわかりやすくし，緩いスロープをたどって周辺道路から段差なく図書館内へと入れることが望ましい。集会室などのために目的によって入口を分離する場合には，正確に誘導するためにわかりやすい案内板を設置する。また，ドアチャイムや点字ブロックで，障がいのある人もアクセスができるようにする。

　そして，利用者が戸惑わないように，館内のサイン計画（第8章参照）とも統一感をもたせる必要がある。とくに複合施設の場合は，図書館の利用者がほかの施設へ迷いこまないように，正確に導くようにしたい。逆に，ほかの施設の利用者が図書館へとまちがわないように，お互いの協力が必要にある。

b. 駐車場・駐輪場

　中央図書館であれば，遠方からの利用者が多くなることが予想される。そのため，多くの駐車スペースが必要となる。地域図書館の場合は，徒歩や自転車での利用が主となるであろうが，地方では車社会となっているために，やはり駐車スペースは多く必要となる。

　駐輪場は，図書館の入口近くに十分に確保しておきたい。入口から離れていると，駐輪場以外の場所に自転車が置かれることになり，歩行者の邪魔になったり危険が伴ったりする。

　駐車場・駐輪場とも，徒歩での来館者とのアクセス経路を分離し，危険が少ないようにする。自動車と自転車についても同様にアクセス経路を分離する。

c. ブックポスト

　返却を容易にすることも利用者の利便性を向上させることにつながる。入口近くのわかりやす

い場所に設ける。接近すると点灯するライトが防犯用にポピュラーになってきているが、防犯とともに夜間のわかりやすさという点からもこうしたライトを設置する。

　内部からみると、本を受け取るスペースは大きめのほうがよい。長期休館中のことも考えて大きなものを準備する。また、返却のために投函された資料が傷まないような素材にする。

　図書館の建物が完成後にブックポストを設けようとすると、半開きの入口にポストをおくということになりかねず、防犯上の問題も生じる。設計段階で組み込むのがよい。

写真 5-3　外壁に埋め込んだブックポスト

設問

(1) 図書館内における利用者の一連の動き（たとえば、入口→開架閲覧スペース→貸出）と利用者属性を想定したうえで、あるべきカウンター位置と機能について具体例を 900 字程度で述べよ。

(2) 図書館建築のなかで、業務部門をどの位置におくのがよいか。また、その内部構成はどのようにすべきか。中央図書館・地域図書館ごとに考えよ。

参考文献

1. 植松貞夫［ほか］『よい図書館施設をつくる　JLA図書館実践シリーズ 13』日本図書館協会, 2010 年
2. 同上『図書館学シリーズ 9　図書館建築 —施設と設備—』樹村房, 1981 年
3. 日本図書館協会図書館ハンドブック編集委員会編『図書館ハンドブック　第 6 版補訂版』日本図書館協会, 2010 年
4. 栗原嘉一郎編著『図書館の施設と設備　現代図書館学講座 13』東京書籍, 1988 年
5. 小川俊彦『図書館を計画する』勁草書房, 2010 年
6. 本田明［ほか］『図書館員選書 15　図書館施設を見直す』日本図書館協会, 1986 年

注

1) 植松貞夫［ほか］『よい図書館施設をつくる』日本図書館協会, p.97。
2) 日本図書館協会図書館ハンドブック編集委員会編『図書館ハンドブック　第 6 版改訂版』日本図書館協会, p.413。
3) 小川俊彦『図書館を計画する』勁草書房, p.88。
4) 前掲 3), p.414。
5) 前掲 4), p.92。
6) 職員が一斉休憩を取ることは、不可能であることを意味している。ここは、役所本庁やほかの外局とは異なる点である。
7) 前掲 4), p.97。

6 図書館建築の構成要素(2)

　この章では，図書館建築を構成する各スペースと構成要素のうち，開架閲覧スペースとそれに付随する部分について概説する。開架閲覧スペースは，図書館の構成要素のうち最も大きなスペースを占めるとともに，その図書館の性格を最もよく示すものであり，また，図書館利用者が最もよく利用するスペースでもある。

第1節　開架閲覧スペース

　開架閲覧スペースは，一般的な公共図書館において最も大きなスペースを占めるとともに，最も重要な空間である。できるだけ広いスペースを確保し，固定した壁を少なくしワンスパンで構成するのがよい。空間ごとに区切る際には家具・什器や書架のレイアウトによっておこなうべきである。

　空間の区切り方は，成人，児童といった利用対象者別とし，成人部門では図書・新聞・雑誌・AV資料といった資料の形態別，日本十進分類（NDC）に沿った主題別，貸出向け資料と地域資料やレファレンス資料といった利用形態別といった方法がある。また，「環境」や「コンピュータ」といった（NDCでは複数の主題記号にわたる）特定のテーマ別に分類した資料を集結させている例もある。

　書架の周りには，閲覧席やキャレル（カバー写真），軽読書スペース，ソファなどを配置し，利用者が借りたい本を検討したり，軽い調べものをすることができる空間をつくる。

第2節　書架と閲覧スペースの配置

　開架閲覧スペースの内部において，書架と閲覧席をどのように配置するかについては，いくつかのモデルが考えられる。

　図6-1, 2, 3は，本が人を囲む配置である。いずれも，室内には窓がないことが前提となるが，採光は照明のみになり，工夫によっては落ち着いた雰囲気を出すこともできる。図6-1は，書架を壁面にのみ配置したものである。空間的に広がりをもたせることができるとともに，座席数が多く取れる。資料が少ない場合や壁面が広い場合には有効である。図6-2と図6-3は，壁面だけでなく書架を閲覧室内部にまで置いたものである。図6-2では，書架を多く置くことができ収蔵冊数が増加するが，座席数が少なくなる。図6-3では，書架と座席数の両立をめざしているが，座席奥の書架まで心理的に入りにくい。逆に，書架の前に立って資料を選んでいる利用者にとっては，座席に座っている利用者からの干渉を受ける。膨大な資料に対して利用者がきわめて少な

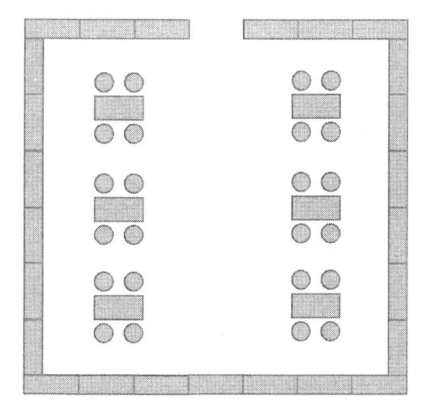

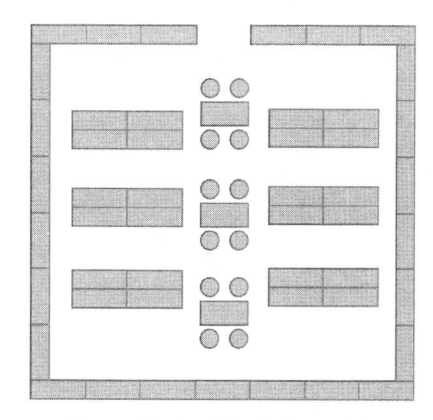

図 6-1　壁面のみに書架　　　　　図 6-2　壁面に書架/中央に閲覧席

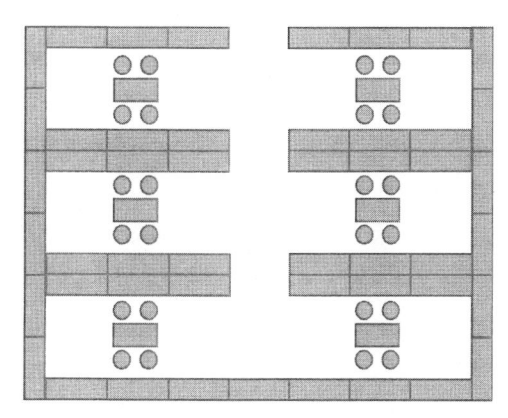

図 6-3　書架で閲覧席を囲む　　　　図 6-4　中央に書架

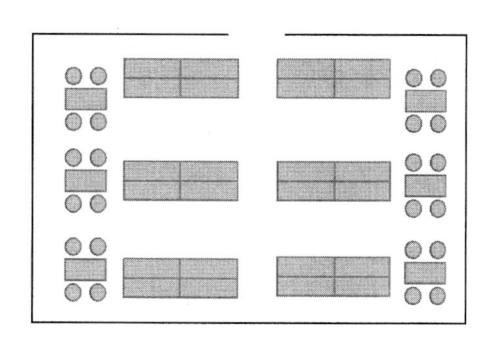

いケースなど，特殊な閲覧室向きである[1]）。

　図 6-4 は，人が本を囲む配置である。閲覧席を壁側や窓際に置き，書架を室内の内側に寄せたものである。窓からの採光が十分に取れるとともに，太陽光による書籍の痛みも少なくできる。資料数・座席数を両方とも多くとることができる。

第 3 節　書架レイアウト

　一般利用者向け開架部分は，図書館のなかで中心的なスペースであり，ここでの書架レイアウトは図書館の使い勝手を決定するといっても過言ではない。書架間隔や書架の高さの決定は，利用者の滞留動向や滞留の度合い，職員の作業などさまざまな要因を考慮する必要がある。

- 利用者の滞留動向：本を探すのか，中身を確認するのか，閲覧するのかなど
- 利用者の滞留度合い：利用者の多さ，書籍の利用頻度
- 職員の作業：ブックトラックの操作，レファレンスサービスや ILL のための資料探しなど

表 6-1 に示したように，通路部分で利用者や職員がどういったことをおこなうのかにかかわっ

表 6-1　書架間隔と書架間における行為[2]

書架間隔	適用箇所	書架間における利用者・職員の行動
1.2m	閉架実用最小	最下段の資料を取り出すときには膝をつく
1.35m	閉架常用	最下段の資料を腰を折り曲げて取り出す
1.5m	利用者の入る閉架開架実用最小	他人の背後を通行できる
1.65m	開架常用	他人の背後を声をかけてブックトラックが通行できる
1.8m	利用者の多い開架	他人の背後をブックトラックが通行できる 人と車椅子がすれ違うことができる
2.1m		車椅子同士がすれ違うことができる
2.4m		下段が突き出している書架が使用できる

てくる。書架の形状（傾斜型書架―下段が張り出したタイプ―なら異なった値になる）によっても，あるべき書架間隔は変わってくる。また，書架間隔や書架の高さは収蔵冊数に直接影響するため，慎重に決定する必要がある。

　柱があると，その分だけ書架を並べるスペースが減少する。また，通路の位置に柱がきてしまい，書架レイアウトを変更し，その結果，収蔵冊数が減少するという事態も起こりうる。柱と書架の関係では，1.8mの書架間隔を想定して，その3倍の5.4mで柱間隔を（建築設計の段階で）設計している図書館もある。ちょうど柱のところに書架がくるように構成できるので，柱が書架を邪魔するということはなくなる[3]。具体的な書架間隔と通路幅のレイアウトを模式的に示すと，図6-5のようになる。書架1段の高さを30cmで6段の構成とし，書架間隔を1.8mとしている。一般的な車椅子の横幅は80cmなので，車椅子が通行する際には書架前は52cm以下のスペースとなる。となると，職員が作業することを考えると，ブックトラックは40cm程度が限度になる。ただし，資料を選択する際には，車椅子は縦向きとなるため，より広いスペースが必要となる。

　詳しくは第9章で扱うが，高さのある書架を設置しようとすると，光源との関係で書架の設置場所や間隔が決定してしまうというケースがある。書架レイアウトを考慮した建築設計と内装設計が必要である。

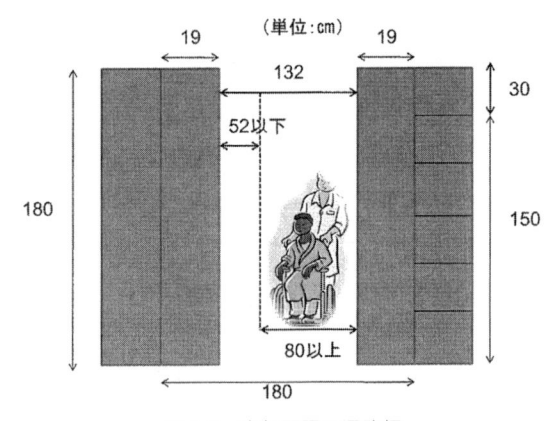

写真 6-1　壁面書棚　　　　　図 6-5　書架間隔と通路幅

第4節　児童閲覧室・児童閲覧スペース

　主として，読み聞かせやブックトークなどの児童サービスも含めて提供するスペースである。児童閲覧室というかたちの専用室にするか，スペースというかたちで一般室の一角に設ける（一般室と連なった）に設けるかは，それぞれの図書館の判断になる。専用スペースであれば，内装なども子ども向けの装飾をすることができるし，嬌声（きょうせい）や足音といった子どもが生む音もある程度許容される。一般室と連なったかたちにすれば，児童と成人とで共通で使える資料の融通性が高まったり，中学生やヤングアダルト層にとっては利便性が向上する。また，親子連れにとっては，別室でないほうが，親の目が行き届きやすいという利点もある。ただし，成人よりも音の発生源となることは確かなので，レファレンスコーナーなど，静かさを要求される部分とは離しておくほうがよい。床面にカーペットを敷き，靴を脱いで利用するような，自由な姿勢で本を読めるようなスペースを設けている例もある（カバー写真）。

　児童閲覧スペースの利用者は，幼児から中学生程度までと幅があり，体格はもちろん，利用したい資料の幅が大きい。NDCを用いて無理に分類したかたちで配架するよりは（NDCは装備するものの），絵本や紙芝居，読み物，知識の本（参考資料になりそうな資料も含めて）という大まかな区切りにするほうがよい。

　子どもたちに本や読書への興味を伝えるために，ブックトークやお話し会をできるスペースを設けることが望ましい。部屋として区切ったスペースをつくることも考えられるが，閲覧スペースの一部を利用したかたちでおこなえるように可動式の壁・アコーディオンドアで区切り，オープンで参加しやすいかたちにすることも考えられる。また，書架を疑似的な区切りとして，中心に話者がくると，よりオープンな印象となる。

　また，読書や読み聞かせに集中している児童のために，児童向けのトイレを児童閲覧スペースの近傍に設置することも重要である。

写真6-2　児童用書棚

第5節　レファレンススペース・レファレンス室

　独立したレファレンス室をつくるか，開架閲覧室の一角をレファレンススペースとするか，どちらにするかは一概にいえず，その館の性格や運営方針に依るところが大きい。小規模な館で床面積的にむずかしければレファレンススペースとする。中央図書館のように資料が充実している場合には，ゆっくりと調査や調べものがおこなえるように独立したレファレンス室をつくる。また，「図書館のすべての資料がレファレンス資料である」という考え方もあり，この場合はオー

プンなレファレンススペースを設置することになる。

　レファレンス室・レファレンススペースには，利用者の調査研究のための参考資料と学術的・専門的な雑誌，地域資料や行政資料，地図などを配架する。レファレンスデスクは，利用者の質問や相談に応えるとともに，利用者とともに資料を広げたりコンピュータ，インターネットなどが利用できる環境を用意する。

　公共図書館では，レファレンス質問は多岐にわたるが，ほかの図書館から当該地域に関するレファレンス質問がくることもあり，地域資料はとくに重要である。大学図書館や専門図書館では，書誌情報の提供にとどまらず，関連する文献や資料の網羅的探索をおこなうこともある。

　近年では，コンピュータによるレファレンス作業も多い。商用のデータベースやインターネットは貴重なレファレンス資料である。コンピュータの使用に伴い，これまでのコピー機だけでなくプリンタの使用が多くなってきた。プリンタは音と熱の発生源でもあるとともにケーブルを引き回す必要があるため，ほかのレファレンス利用者の妨げとならないよう，設置位置に注意する必要がある。

第6節　新聞・雑誌スペース

　新聞や雑誌は，一般図書と利用のされ方や形態が異なるため，新聞・雑誌のための閲覧スペースに別置されるのが一般的である。利用者が多いため入口近くや，閲覧スペース内の環境のよい場所におくこともある。当日の新聞は要求頻度が高いため，新聞台に別置することもある。通常，年刊誌では数年前，月刊誌では数箇月前のバックナンバーを参照できるようにしておく。そのため，バックナンバーを入れられ，面出し展示もできる雑誌架を用いると便利である。

第7節　視聴覚スペース

　DVD・CDやビデオといった視聴覚資料も，図書館資料として重要なものである。こうした資料をほかの資料と同じく配架するか，あるいは，視聴覚資料コーナーとしてまとめて別置するか二通りの考え方がある。

　提供方式には，開架には空ケースのみを並べて貸出カウンターで実物（メディア本体）を貸し出す方式，実物そのものを開架に配架する方式の二通りがある。前者は，カウンターでの手間がかかるが盗難・紛失の被害は少なくなる。後者では，出入り口でのBDS（Book Detection System）の使用が前提となる。貸出前の視聴のために再生機器を準備することになるが，音や光が閲覧スペースの利用者の邪魔にならないよう，ブースをつくる，ヘッドフォンを使用するなどの対応が必要である。

　AVブースを設置する場合，とくに注意すべき点がある。真後ろに立つと何を視聴しているか見えてしまうことがあるが，個人のプライバシー保護の観点から，見えないように工夫すべきで

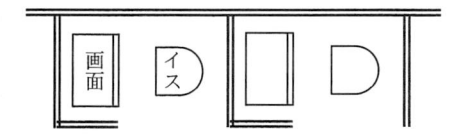

図6-6　壁に沿って直線的に配置

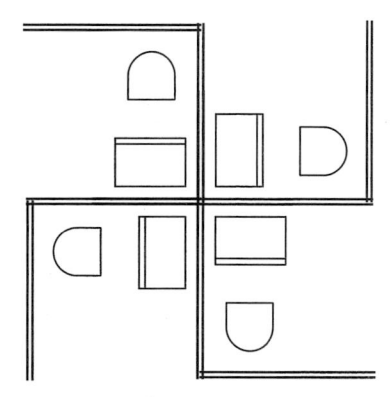

図6-7　フロアの中ほどに卍型に配置

ある。図6-6、図6-7のようにすると、この点が解消され、壁により音漏れもある程度遮断ができる。パソコンブースを設置するときも同じである。また、館内での利用に限定するのであれば、VOD（Video On Demand）方式の利用も検討されたい。利用に供する際に手間はかかるが、メディアの紛失は発生しなくなる。

なお、古い新聞や、入手しがたい資料を閲覧するものとして、マイクロ資料のリーダーなども忘れてはならないものである。その多くは、中央図書館にまとめて配置されていると考えられ、利用者が常時使用できる環境になくてもよいが、利用したい際に故障して使えないことがないよう、環境整備は欠かせない。また、利用指導も適宜、必要になる。

第8節　インターネット接続環境とパソコンについて

住民への情報アクセスの保障という観点から、公共図書館におけるインターネット接続環境は不可欠なものとなってきている。また、ビジネス支援サービスをおこなう場合には、情報源としてオンラインデータベースやWebなどのネットワーク情報資源は重要なものである。

インターネット端末は端末の利用状況が把握できるという観点から、予約制としている例が多い。また、不慣れな利用者へのサポートという点から、カウンターの近傍やレファレンススペースに設置している例が多い。インターネット端末は、アンチウィルスソフトなどでセキュリティを確保するとともに、端末の利用者が変わるごとに個人情報を確実に消去するソフトを導入する。ハードディスクに保存できない機械を用いて、セキュリティを高める方法も考えられる。STB（Set Top Box）方式の機器を使いテレビモニターを用いてインターネット閲覧に限定するのである。この方式では、集めたデータを利用者が（たとえば、USBメモリなどを利用して）データのまま持ち帰ることができなくなるという点にも注意したい。いずれにせよ、ソフトウエア設定の変更や外部からのデータの持ち込みはセキュリティ上危険のため、禁止するか、確実な防御手段を取ることが重要である。また、ネットショッピングなどの契約行為やブログ・掲示板への書き込み、また、アダルトサイトなど公序良俗に反するサイトへのアクセスは、利用規定で禁止している場合が多い。

利用者がノートパソコンを開架閲覧室へ持ち込んでくる場合もある。閲覧室でのキータッチ音は意外に響く。音環境への配慮のため、パソコンブースを設けてほかと切り離すことも必要であ

ろう。また，無線 LAN などインターネットへ接続できる設備を図書館に配置することは，賛否が分かれるところである。利用者側には，図書資料と Web 検索を一体化して調査研究をおこないたいという需要もあるだろうし，一体化して調査研究をおこなうのであれば貸出を利用して自宅でおこなうべきという考え方もある。解決方法としては，レファレンススペースなどでパソコン使用やインターネット接続を提供することで，必要最低限の環境を整えることができる。

第9節　自習室・自習スペース

「図書館は生涯学習施設である」という点から，住民の学習要求に応えるスペースは必要である。児童生徒や学生が集団で閲覧室で学習をおこなうと，話し声がほかの閲覧者の妨げとなる。また，図書館で本を読むための机・椅子を自習で使用すると，これもまた，ほかの利用者の妨げとなる。本を読むという行為と本から学ぶという行為が一見すると連続しているために，読書をする人と学習をする人とが施設を奪い合うことになる。

　学習のためのスペースを設けるかどうかは，その図書館のサービス方針の問題でもあり，スペースにも大きくかかわることである[4]。図書館メディアの利用と，図書館メディアと関連しない学習とは明確に区別すべきであるし，閲覧スペースは満席だが自習スペースは空いているという状況が利用者の理解を得られるとは思えない。自習のためのスペースを設けるのであれば，静粛な環境を提供するという点からも，別室にするほうがよい。

設問

(1) 公共図書館における開架閲覧スペースの設計について，成人・児童・ヤングアダルトの観点からあるべき姿を 900 字程度で考察せよ。
(2) 公共図書館におけるレファレンススペースのあり方について 900 字程度で述べよ。とくにインターネットなど新しいメディアを考慮に入れること。

参考文献
1. 植松貞夫［ほか］『よい図書館施設をつくる JLA図書館実践シリーズ 13』日本図書館協会，2010 年
2. 同上『図書館学シリーズ 9　図書館建築 —施設と設備—』樹村房，1981 年
3. 日本図書館協会図書館ハンドブック編集委員会編『図書館ハンドブック 第 6 版補訂版』日本図書館協会，2010 年
4. 栗原嘉一郎編著『図書館の施設と設備 現代図書館学講座 13』東京書籍，1988 年
5. 小川俊彦『図書館の現場 9 図書館を計画する』勁草書房，2010 年

注
1) 植松貞夫［ほか］『図書館建築』樹村房，p.106。
2) 同上『よい図書館施設をつくる』日本図書館協会，p.45。
3) 小川俊彦『図書館の現場 9 図書館を計画する』勁草書房，p.110。
4) 前掲 3)，p.87。

7 図書館建築の構成要素(3)

　この章では，図書館建築を構成する各スペースと構成要素のうち，書庫とそれに付随する部分について概説する。書庫は開架閲覧スペースと並んで図書館の構成要素のうち大きなスペースを占めるとともに，資料の保存という観点からも重要なものである。図書館利用者が直接利用する機会は多くないが重要なスペースでもある。

第1節　書庫の目的と計画

a. 書庫の目的

　現代の図書館では，資料は開架スペースの書架に並べ，利用者はそこから資料を選ぶのが通例である。一昔前の公共図書館では，資料は閉架書庫に置き，利用者の求めに応じて資料を出納するという出納方式が一般的であった。現在でも一部の専門図書館などに見られる。一方で，利用頻度が低下した資料を保存する役割を担うのが書庫である。図書館法第2条には「図書，記録その他必要な資料を収集し，整理し，保存して，一般公衆の利用に供し」とあり，収集整理とともに，保存することが役割の1つと定義されている。そのうえで，利用者の求めに応じて資料を提供することが図書館の役割である。

　資料を開架スペースと書庫に分けて置くことには，いくつかの目的がある。1つは，利用者の利便性のためである。よく利用される資料を開架スペースに置き，利用者による選択を容易にする。利用頻度の低い資料が混在して選びにくくならないようにするのである。もう1つには，資料保存のためである。利用頻度は低いものの資料としての価値があるものや，絶版となったものといったように，"残す"ことに主眼がおかれるものである。こうした資料が，開架スペースで多くの利用者に触れることによる資料の劣化を防ぐという目的がある[1]。

b. 書庫の計画

　書庫の必要性は理解できるが，それでは書庫の具体的な規模はどのように決定するかが課題となる。日本で発行されている書籍・雑誌をすべて収集するには，自治体単位・1館単位では無理がある。『2011出版指標年報』（全国出版協会）によると，書籍の新刊点数は2010（平成22）年で7万4000冊，雑誌は3000点である。都道府県立図書館と市町村図書館が分担して収集・保存するにしても，将来にわたっての見積もりはむずかしい。電子書籍が現れてきたとはいえこれまで発行されてきた分の保存はこれまでどおり必要である。そのうえに，CD・DVDやビデオといった視聴覚資料も考慮する必要がある。

　開架スペースの書棚スペースは限られていることから，毎年多くの資料が開架スペースから書庫へと移動することになる。しかし書庫に使えるスペースにも限度がある。書庫が大きくなりす

ぎて開架スペースが削られるという事態は，本末転倒である。ある資料を保存すべきか，廃棄すべきかは，簡単に判断つかないものである。書庫の規模は「決定的な決め手がない」[2]のが実情である。

書庫の目的は，先に述べたように単に資料を保管するだけではない。単なる倉庫ではなく，利用者の求めに応じて資料を提供するためのものである。一旦，資料をしまいこんだら二度と取り出すことがないというものではなく，資料は出入りするのである。保存性が高く，効率的に保存でき，しかも利便性をある程度保つ必要がある。

第2節　書庫の形態

書庫の形態は，縦型と横型に分けられる。

縦型書庫は，図7-1のように，書庫の部分が全館あるいは一部の階にわたって縦型に並んでいるものである。本館と書庫棟を別の建物として分ける場合もある。また，書庫は保存を主目的とすることから，図7-2のように，後述する積層式書架を用いている場合には，本館（開架スペースなどが入る）と書庫部分で階の高さを変える場合もある。書庫へのアプローチは，本館の各階から，あるいは，書庫棟としての入口を限定する場合もある。同一分類の資料を，本館（開架スペース）と書庫の同一階に配架して，わかりやすい書架構成をとることもできる。

横型書庫は，図7-3のように，書庫の部分が本館の一フロア全体となるものである。書庫は書庫階としてわかりやすい階構成をとることができる。また，図7-4のように，書庫を地下にすることが多くみられる。書籍は重量物であり，建物の構造上から下側にあるほうが有利である。ま

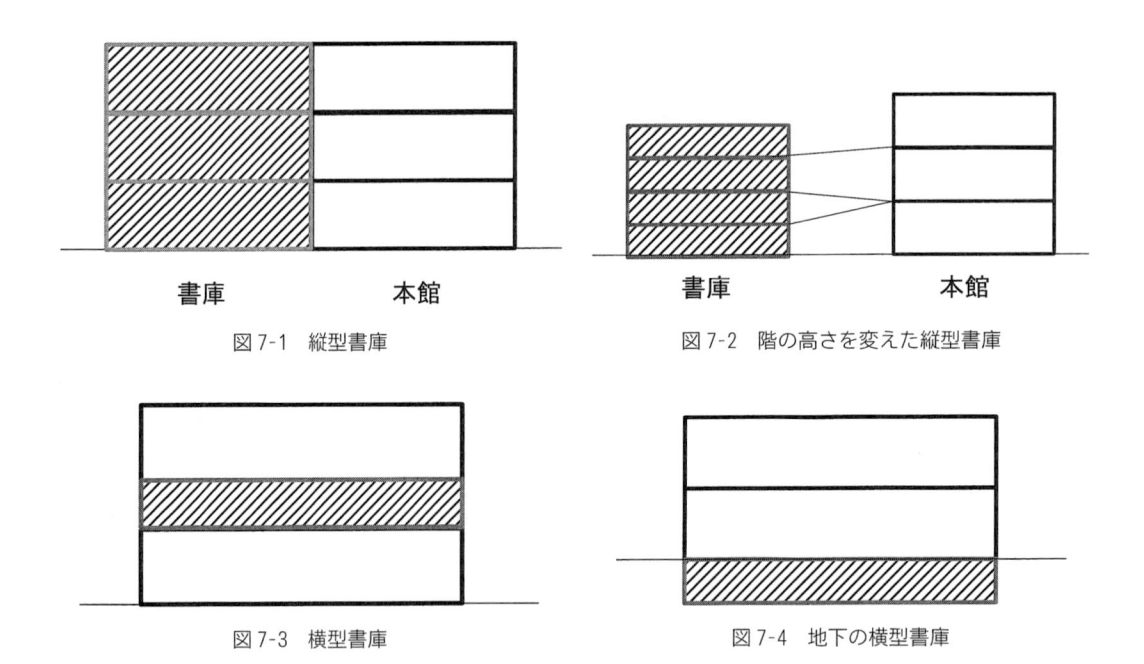

図7-1　縦型書庫

図7-2　階の高さを変えた縦型書庫

図7-3　横型書庫

図7-4　地下の横型書庫

た，資料の保存性という点では，書庫は恒温・恒湿であることが求められる。壁や屋根といった外部からの熱の侵入を防ぐということからも，直接外気に接しない地下に書庫をおくことがふさわしいといえる。ただし，恒湿ではあるが高湿であってはならない。高湿対策は必須である。

横型書庫の欠点は，増築の柔軟性が低くなることである。縦型書庫であれば，（増築用の土地があるという前提で）横型書庫に比べて増築は容易である。増築余地がない場合には，第11章で述べる茨城県立図書館のように，敷地外の書庫を別置することになる。また，地下の横型書庫の場合，水害に対して決定的な弱点をもっている。自然災害はもとより，地上階で起こった漏水が地下の書庫に影響を与える可能性が非常に大きくなる。書籍は水に強くないので，資料保存という点からみると，水への対策は万全を期す必要がある。水害の恐れのない高台に建て，地下書庫の外周を防水施工するなど，水損事故への対策は必須となる。このため，書庫を1階とし，開架閲覧スペースなどを2階以上とする場合もある。しかし，利用者を2階へ自然に誘導することが問題となり，スロープなどを利用しても妥当な解決にならないことが多く[3]，ユニバーサルデザインからも工夫が必要となる。

第3節　書庫の設計

a. 書架の設計

書庫には収納効率と利用効率が求められる。高い収納性が求められるため，かつては積層式書架を用いた積層書庫が主流であった。積層式書架[4]とは，書架の側面の柱を支柱としてその上に鉄板を並べ，その鉄板を上の面の床として書架を並べるものである（写真7-1）。コンクリート建築に比べて天井高さを低く[5]でき（写真7-2），またコストも安いため，書庫としては効果的であった。現在では，火災荷重が大きいこと，積層式書架自体の難燃性があまり高くないこと，建築基準法を厳格に適用するようになったことから，積層書庫の利点は失われ，積極的に積層式書架を採用するメリットはなくなっている。

収納効率の点では，第6章の表6-1に示した書架間隔1.2m～1.5mに設定し，開架書架と比べて書架内での行為を一部制限することがおこなわれる。書庫には利用頻度が低い資料が置かれることから，書架内に立ち入る人は少なく書架内で人同士がすれ違う確率は十分小さい，資料はその場で閲覧して探す

写真7-1　積層式書架

写真7-2　積層式書架内部

のではなくOPACなどによって書庫外で探してから目的の資料を得る行為が中心であるとすれば、利用効率は資料へのアクセスのよさのみではかればよいということになる。

収蔵力の例[6]を示すと、30冊を収蔵できる1連の書架両面（幅0.9m）について、書架段数の平均が6.6段・収蔵に余裕をみて3分の2の収蔵率とすると、収蔵力は、30冊×2/3×6.6段×2（両面）＝264冊となる。書架間隔を1.35mとすれば、1連の書架が占める床面積は、0.9m×1.35m＝1.215㎡となる。したがって、1㎡あたりの収蔵力は、264冊÷1.215㎡≒217冊が目安となる。これをもとに、通路や階段部分の面積を加えて書庫に必要な面積を求めることができる。

写真7-3　移動式書架（電動書架）

高い収納効率を実現したものとして、移動式集密書架がある（写真7-3）。集密書架には手動式のものと電動式（電動書架）のものがある。いずれの方式も、目的とする資料が存在する書架の個所だけ、人

写真7-4　ロックをかけた状態

が通行できる空間（1.2m程度）を確保する。ほかの書架同士は密接した状態におかれる。安全のため、ほかの人が書架内にいる状態で書架を移動させられないようにロックをかけるようになっており、写真7-4のように照明が点灯するものもある。もしロックせずに書架内に人がいる状態で書架が移動しはじめた場合には、緊急停止できるレバー装置が書架下部等に備わっている。書架あたり幅25cmとすると、開架書架における標準的な書架間隔180cm分あれば集密書架は7列分程度、閉架書架の標準1.2mであれば4列分設置することができ、収納効率は開架書架の3.5倍・閉架書架の2倍ということになる。

しかし、集密書架は、書庫内の資料の出し入れが多い場合には、利用効率が低下する。また、不慣れな利用者や職員がロックを忘れて書架内に入る場合もあり、この点での注意喚起（利用指導）が必要となる。

空調については、第9章でも扱うが、恒温・恒湿に設定し、おおむね温度22度・湿度55％程度が1つの基準である。温度とととともに、日本は高湿であるので、除湿装置などで湿度を下げるような措置が必要である。また、光による資料の劣化を防ぐためにも、窓は極力減らすようにする。

また、床荷重は開架閲覧スペースに比べて余裕をみておく必要がある。収納効率が高いということはそれだけ資料の重さがかかるということである。集密書架では、床荷重が1トン／㎡にもなる場合があるので、構造計算を確認する必要がある。

7 図書館建築の構成要素(3)　47

写真 7-5　書庫内の目録カード 　　　　写真 7-6　書庫内のキャレル（一人用の閲覧席）

b. その他の施設

　書庫に入室する目的は資料を取り出すだけではなく，文献調査などじっくりと資料を探すという場合もある。コンピュータ目録化される以前の資料がある場合には，目録カードは書庫内にある場合もある（写真 7-5）。また，じっくりと資料を探し見比べ検討するような場合のために，書庫内にも簡単な閲覧スペースを設けている場合もある（写真 7-6）。

　近年では IC タグによる自動搬送システムを備えた自動式の書庫も現れてきている。自動式書庫では，人間が書庫内に入ることはなくなるため，安全性や効率性の面で有利である。ただし，停電になったり，システムにウイルスが入ってダウンしたりすると，図書がまったく取り出せなくなるという欠点がある（本シリーズ第 2 巻『図書館情報技術論』参照）。

第4節　書庫へのアプローチ

　第 1 節 a. で述べたように，書庫は利用度が低下した資料を保存するとともに，利用者の求めに応じて資料を出納するという目的がある。資料の保存という観点からは，利用者の自由な出入りを許すか否かという点が問題となる。大学図書館などでは，大学院生以上などというように利用条件を設定することもある。その場合，安全開架方式を用い，書庫の出入りの際には図書館員のチェックを受ける。公共図書館では，利用者が書庫内の資料に対して書庫外で（OPAC などで）選択したうえで図書館員にリクエストし，図書館員のみが書庫内に立ち入るといった閉架方式をとっている例が多いようである。専門図書館では閉架方式あるいは安全開架方式を標準とする（写真 7-7）。いずれの場合においても，書庫の出入り口近くに図書館員がいる必要がある。

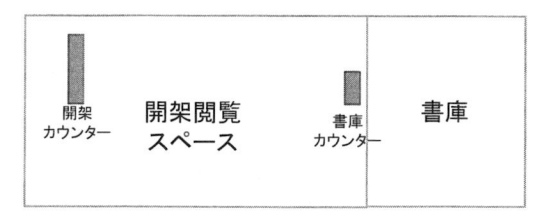

図 7-5 書庫カウンターを開架カウンターと分ける 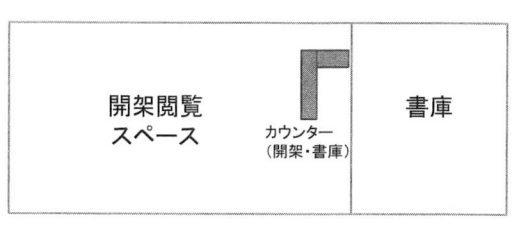　　　　図 7-6 書庫カウンターを開架カウンターと統合

そこで課題となるのが，職員が常駐するカウンターと書庫出入り口との位置関係である。図7-5のように開架カウンターと書庫カウンターを別にすると，書庫にかかわる作業はカウンターだけなく，書庫内でおこなう（書庫内で資料を探すなど）ことが多いため，常時複数の職員が書庫のために必要となる。書庫内の資料は利用頻度が低いものであることが前提ではあるものの，そのために複数の職員をおくことは（作業効率の点からも）なかなかできない。図7-6のように，開架カウンターと書庫カウンターを統合することにより，人員の融通を図ることができる。また，カウンター近傍に事務スペースをおくことにより，より業務の効率化を推進することができる（第5章第3～4節参照）。

写真7-7　書庫利用者への案内

設問

(1) 公共図書館における書庫の設計について，資料保存と利用者の利便性という観点から，あるべき姿を考察せよ。
(2) 公共図書館におけるレファレンススペースのあり方について900字程度で述べよ。とくにインターネットなど新しいメディアを考慮に入れること。

参考文献
1. 植松貞夫［ほか］『よい図書館施設をつくる　JLA図書館実践シリーズ13』日本図書館協会，2010年
2. 植松貞夫［ほか］『図書館学シリーズ9　図書館建築－施設と設備－』樹村房，1981年
3. 日本図書館協会図書館ハンドブック編集委員会編『図書館ハンドブック第6版補訂版』2010年
4. 栗原嘉一郎編著『図書館の施設と設備　現代図書館学講座13』東京書籍，1988年
5. 植松貞夫『建築から図書館をみる』勉誠出版，1999年
6. 小川俊彦『図書館の現場9　図書館を計画する』勁草書房，2010年

注
1) 実際に，参考文献にあげた『図書館建築』や『図書館の施設と設備』などは資料としての価値が高いものであり，たとえば横浜市立中央図書館の書庫に保存されている。
2) 植松貞夫『建築から図書館をみる』勉誠出版，p.79。
3) 栗原嘉一郎編著『図書館の施設と設備　現代図書館学講座13』東京書籍，p.81。
4) 前掲2），pp.82-83。
5) 第6章の図6-5に示した書架高さから計算すると，1.8m～2m程度とすることができる。
6) 前掲3），p.106。

8 図書館の内装計画

　図書館を設計する際には，図書館の内装をイメージして作業を進めていく必要がある。本章では，机・椅子，書架，カウンターといった図書館の家具とサイン計画について扱う。第4章，第5章で扱った建築物のなかに備えられるものである。利用者の目に最も止まりやすいものであり，また，利用者が最も使用する，手に触れるものでもあり，その図書館の雰囲気を印象づけるものである。家具の選択によってはサービス計画にも影響を与え，そのため，家具全体の調和を考え，サイン計画との統一感をはかり，建築物と一体のものとして計画されなければならない。建築設計の際と同じく，家具の設計・選択の際にも単に価格のみを優先することは避けたい。

第1節　図書館家具

　図書館の家具は単に資料を"置く"だけのものではなく，資料とその利用者の間にあって資料の使い勝手を決めるという重要なものである。機能的な実用性や使い勝手のよさは重要であるが，美しさや調和もまた重要である。そのため，図書館の建築にたずさわっている図書館職員が責任をもって選択すべきであり，建築設計と関係のない部署で勝手に発注するということは避けたい。図書館の施工に入る段階で，設計者と相談のうえ，ある程度の目星をつけておく。

　図書館家具が備えるべき一般的条件[1]としては，①機能的で使いやすいこと，②安全性の高いこと，③堅牢で耐久性のよいこと，④簡素で落ち着いた美しさがあること，⑤品質に安定性があり経済的であることなどをあげることができる。

　既製品の図書館家具が多く出回っているため，こうしたなかから選ぶと，こなれたものが見つけられる。既製品とはいっても，一般のオフィス用家具に比べて単価はかなり高い。たとえば，図書館家具の場合で基本となる一列6段書架は定価20万円程度であり，同じようなオフィス家具の一列6段書架なら前面ガラス戸付で定価15万円程度である。そのため，十分な予算を見込んでおくことが必要である。

第2節　書　架

a. サイズ・高さ・材質

　世の中に流通している本の大きさは，A5（21×14.8cm），B6（18.2×12.8），B5（25.7×18.2）が多い。A4判は増えてはきているが，絵本や図鑑，学術雑誌や報告書などが主で一般書は少ない。

　指を入れて本を取り出すことを考慮した高さを「有効高さ」というが，こうした図書構成を考えると，書棚のサイズは，有効高さ28cm，奥行19cm程度が標準的である。なお，有効高さは，

一般の参考図書なら 30cm，百科事典なら 33cm 程度が標準サイズである。書架 1 連 90cm の棚板は一般書 30 冊・児童書 50 冊程度の収容力とされているが，一部の図書が貸出中になることを考慮すると，（実際の貸出率を見たうえで）1～2 割増しの収容冊数を見込むことができる。

書棚の高さは，高さ 180cm とすると 6 段構成になる。図 8-1 に示したが，最上段の書架は高さ 150cm 以上の位置になり，利用者によっては目線より上になる。5 段だと最上段の書架は 120cm 以上の位置になり，書架にあるおおむねすべての図書のラベルまでが見える。

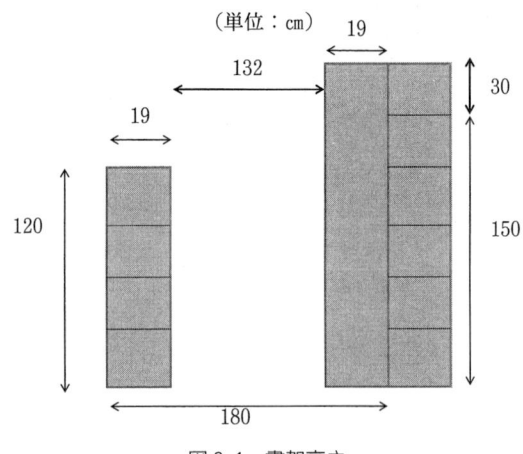

図 8-1 書架高さ

書棚には，変化をつけることもできる。カウンター前などの視線をとおす場所や広々としたイメージを構成したい場所では，4 段構成（全体高さ 120cm）の低書架にすると書架の高さが目線高さよりも下になる（図 8-1 参照）。また，サービスを豊かにすることもできる。展列型の書架を用いれば，児童書コーナーで絵本の表紙を見せる配架（これを面出し展示という）をすることができる。

素材は，木製とスチール製がある。木製は，質感がよく見た目が柔らかいため好まれるが，経年によりゆがみ・たわみが発生することもある。スチール製は，安価であり強度・耐久性に優れている。スチールの表面を木製のパネルで覆ったり，天板や側面を木製として主構造部をスチール製としたような，両者の長所を取り入れたものもある。

b. 地震対策

わが国は地震が多いため，書架の転倒対策は欠かせない。書架同士の頭をつなぐ，アンカーボルトで床に固定し，強固なものとする。書架同士の頭をつなぐのは見た目に圧迫感があるため嫌われるかもしれないが，安全性を第一に考えたい。また，ねじれて倒れることを防ぐために，書架に筋交いを入れるとともに，真ん中（3 段目あたり）の棚板を隣同士で一枚のものにする。

このように，書架を固定することで書棚の移動は大変な作業になり，レイアウト変更は容易ではない。利用者の安全を保障しての図書館家具であり，安易に地震対策を外すことは厳に慎むべきである。施工の前に，きちんとした設計が必要である。

第 3 節　机と椅子の配置

閲覧用や調べものに使う机と椅子の選択もまた重要な要素である。これらはまた，閲覧室の収容力にも影響を与える。図 8-2 は 4 人掛けと 6 人掛けの机を模式的に示したものである。6 人掛けの場合，挟まれた席は敬遠され，結果として 4 人掛けと同じ収容力になってしまう。あるいは，

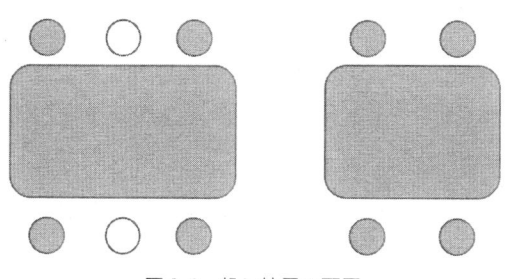

図8-2 机と椅子の配置

写真8-1 円形の机

写真8-1のように円形の机を置くことも考えられる。

机の大きさは、1人掛けで105×60cm、4人掛けで180×120cm、6人掛けで240×120cmが標準である[2]。閲覧だけであれば、机上にそれほどの面積は必要ないが、資料を広げたり比較読みをする場合には、もう少し大きい面積が必要となるかもしれない。館内の位置によっては、閲覧机にも照明が必要となる場合もある。パソコンの使用を許している場合には、情報コンセント（電源コンセントとLANソケットの組み合わせを情報コンセントという）があると利用者にとっては便利である。

椅子は、机とともに使うものもあるが、椅子単独で資料選択の際に軽く座るために書架内に置かれることもある。ゆったり座るためとしてソファ形式も考えられるが、寝ころぶ利用者もいるため、近年では空港で見られるような1人のスペースをはっきりさせたソファを用いる傾向にある。

第4節　カウンター

第5章でも述べたが、カウンターは、職員と利用者との接点である。定常的なさまざまなサービスは、カウンターでおこなうのがほとんどである。そのため、利用者にとっては親しみやすく、職員にとっては働きやすいものである必要がある。蔵書検索や登録手続き用にコンピュータが必要になることもあり、その置き場所、置き方（キーボードや情報読み取り機を含めて）を考慮する。

台面の大きさは、貸出方式、貸出・返却の量、機器の置き方、サービスの内容などさまざまな状況を考えて決定する。

台面の材質は、手触りのよさ、筆記のしやすさ、見た目の美しさなどが求められる。貸出・返却カウンターではすべりがよくまた摩耗しにくい材質が必要となる。

カウンターの高さは、立っておこなうか、座っておこなうかのサービスの姿勢によって決まってくる。立ち姿勢の作業に対して高さが70cmだと、職員が中腰姿勢になってしまう。また、職員の目線は利用者の目線と同じかそれよりも低くなるようにしたい。貸出カウンターであれば、

利用者・職員とも立ち姿勢になる場合は，おおよそ80cmから1mの高さになり，閑散時に職員が腰かけられるような高めの椅子を用意しておく。レファレンスカウンターであれば，利用者・職員ともじっくりと会話しながらになるため座り姿勢となり，70cmぐらいの高さになる。利用者が立ち姿勢で職員が座り姿勢の場合は，利用者側を高くした2段カウンターの導入もありうるが，図書の受け渡しが頻繁に発生する貸出カウンターには不向きである。

いずれの条件についても，どのようなサービスをどのようなかたちでおこなうかによって決まってくるため，発注前にサービス内容について確認しておくことが求められる。

施設内のカウンターの位置によってはスポット的な空調設備が必要な場合がある。出入り口前のカウンター，大きな吹き抜け，大きな窓の近くなどでは，通常の（閲覧スペースと同じような）冷暖房が効かない。足を温めるのためのヒーターやスポットクーラーなど，カウンター内で作業する職員の環境にも配慮すべきである。

第5節　自動貸出機・自動返却機・検索機・予約機[3]

　自動貸出機とは，利用者が自分で貸出手続きをおこなうものである。利用者が読み取り部に貸出カードなどをかざすと，貸出機が利用者を同定する。続いて，利用者が貸出を受けたい資料をかざすと，貸出機が貸出手続きをおこなう。基本的な動作は，スーパーのレジを思い浮かべてもらえればよい。職員の目にふれることなく貸出手続きが終了するという点で，プライバシーを求める利用者にはメリットが大きい。しかし，貸出手続きに関することすべてが自動化できるわけではない。無効な貸出カード，貸出冊数の上限オーバー，貸出できない図書の場合など，例外処理として職員がかかわらなければならない場面が結構な頻度で発生する。自動貸出機ですべての貸出手続きをまかなうのではなく，貸出担当の職員を1人は配置しておきたい。図書の情報を機械で読み取るための手法としては，バーコード型，磁気テープ型，ICタグ型がある。バーコード型は1冊ずつ読み取りをおこなう必要があるが，ICタグ型なら数冊まとめて一気に手続き可能である。また，ICタグの情報は書き換えが可能であり，たとえば所蔵を移す場合にもバーコードのように張り替える[4]という作業をすることなくICタグ内のデータを書き換えるだけでよい。ICタグ型は蔵書点検でも便利であるので，利用が広まっている。コストは，バーコードは1枚10円程度，ICタグは1個40円程度である。

　自動返却機とは，返却手続きを自動化したものである。利用者が返却機に図書を投入すると，自動返却機が返却手続きをおこなう。単に返却手続きを自動化しただけではなく，貸出延長手続きや，大まかな仕分けをおこなうものもある。自動的な仕分けの種類には，たとえば，予約あり，他館所蔵，児童書，

写真8-2　自動貸出・返却機

分類別などがある。返却カウンターが忙しいときに返却された図書が積んだままにならずに，とりあえず返却処理が進むので，利用者にとっても職員にとっても一定のメリットはある。ブックポストと連動するタイプもあり，夜間・休館日でも返却手続きをおこなうことができる。

　検索機（OPAC）・予約機はカウンター近傍など，職員の目が行き届きやすい個所におかれることが多い。しかし，検索機・予約機は開架スペースにもおき，利用者が目的とする図書を書架を探索しながら目で見て探すとともに，見当たらない場合には検索機を用いて図書の所蔵を見いだすことができるようにしたい。利用者の行動としては検索から予約にそのまま移行することが多く，この両者を一体のものとして扱えるようにするのが普通である。利用者自らが予約機によって予約をおこなうことができるため，職員にとっては予約サービスの手間が軽減されるメリットがある。近年ではインターネット経由で図書を検索し，予約をおこなうサービスを提供する図書館が多い。

第6節　サイン計画

　サインは，書架案内図や書架見出し，トイレ表示，カウンターの識別など多岐にわたる。図書館のなかで利用者が向うべき所を見つける手助けをするものであり，どのような資料がどのように配架されているかなどを示すものである。

a. サインの種類

　サインの種類は次の5つに分けることができる[5]。
- 案内：全館または各階ごとに全体像を示し，各部の位置関係を明らかにする
- 誘導：目的事物への方向を示す
- 識別：事物の名称や場所を示してほかと識別させる。階数，室・コーナー名，書架内容など
- 指示：禁止・規制，避難・誘導など
- 説明：利用説明，操作法説明など

　図書館内のすべてのサインは，全体として統一感・連続性をもたせるとともに，個々のサインの独立性・識別性が高いことも重要な要素であり，サインはこの両方を満たす必要がある。また，常時設置するものがほとんどであるが，必要なときに臨時に設置されるものもある。

b. サインの具体的な方針

　まず，①サインを付随的なものと考えないことである。設計段階から一貫したシステムとして計画することが大切であり，サインの統一性・連続性を保つことが重要である。つぎに，②サインの設置個数はあまり多くせずできるだけ少なくする。誘導は，サインだけでおこなうものではない。たとえば，カウンターの近辺を明るくすれば利用者は自然とカウンターに近づいてくるし，階やゾーンごとに基調色を決めれば利用者は自分が今どこにいるかがわかりやすくなるのである。それから，③サインの情報は少なく平易な表現で示す。見つけやすく（視認性），わかりやすく（伝達性），美しい（造形性）が大切である。サインは見るもので読むものではない。専門用語は

極力少なくし，文字は読みやすく，絵文字は曖昧性がないようにわかりやすいものにする。非常口サインは国際標準[6]となっているのでこれを使う。そして，④空間表示型のサインを充実する。利用者は，普段はサインを利用しないが，何かに迷った時点でサインを求める。どこに行けばよいかわからない，どこにいるかわからない，となって初めて案内に頼る。そのため「方向指示型＝矢印方式」よりも「面的な表示＝地図方式」のほうがわかりやすい。地図方式にする場合には，設置場所の位置関係と地図の位置関係を合わせるようにする。つくる地図は複数種類になるが，利用者が頭のなかで地図を回転させるような手間をかけないようにする。結果として案内質問が減り，利用者も職員も手間が省ける。最後に，⑤作成が容易で互換性が高いものにする。資料の配置換えや空間機能の変化に柔軟に対応できるようにしておく。製作経費もかなりかかるものであり，できるだけ経済的なものが望ましい。差し込み式やユニット式にして，取り換えが容易なものがよいであろう。開館してからサインが足りないことに気づき，あとから追加することも発生する。手書き・張り紙では，テープが劣化し見苦しいものになる可能性がある。この点からも，経済性・互換性は重要である。

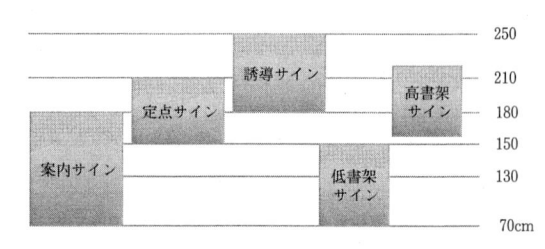

図8-3 サインパネルの表示ゾーン

c. サインの配置

個々のサインは，その用途によって配置すべき位置や高さが決まってくる。図8-3にその大まかな位置[7]を示す。

第7節　ユニバーサルデザイン

書棚の高さや棚板の幅，机と椅子の配置，カウンターの高さ，サイン計画などいずれにおいても，だれもが使いやすい図書館であることを念頭に考えなければならない。車いすでも使える机の高さと隣の席と干渉しないだけの机の大きさ，幼児でも使えるカウンターの高さ，色の区別のみに頼らないサイン計画など，考慮すべき項目は多い。第4章の項目と巻末資料5も合わせて参照されたい。

設問

(1) 書架の位置と閲覧机・椅子との位置関係について，図書館利用者の典型的な利用実態をふまえて，あるべき姿を考察せよ。
(2) 動化した貸出・返却・蔵書検索（OPAC）について，ユニバーサルデザインの観点から考察せよ。

参考文献

1. 植松貞夫［ほか］『よい図書館施設をつくる JLA図書館実践シリーズ 13』日本図書館協会，2010 年
2. 同上『図書館学シリーズ 9 図書館建築 —施設と設備—』樹村房，1981 年
3. 日本図書館協会図書館ハンドブック編集委員会編『図書館ハンドブック 第 6 版補訂版』日本図書館協会，2010 年
4. 栗原嘉一郎編著『図書館の施設と設備 現代図書館学講座 13』東京書籍，1988 年
5. 小川俊彦『図書館を計画する』勁草書房，2010 年
6. 本田明［ほか］『図書館員選書 15 図書館施設を見直す』日本図書館協会，1986 年

注

1) 栗原嘉一郎編著『図書館の施設と設備 現代図書館学講座 13』東京書籍，1988 年，p.118。
2) 日本図書館協会図書館ハンドブック編集委員会編『図書館ハンドブック 第 6 版改訂版』日本図書館協会，2010 年，p.418。
3) 検索機によって，カード目録を繰って探す手間を大幅に軽減された。
4) バーコードを張り替えるということは，図書を損耗する恐れがある。
5) 前掲 2)，p.422。
6) 『誘導灯及び誘導標識の基準』平成 11 年 3 月 17 日消防庁告示第二号。
7) 前掲 1)，p.153。

9 環境計画

　この章では，照明・空調・音・防災といった図書館の環境に関することを述べる。また，図書館における犯罪と，コンピュータセキュリティについても扱う。図書館は，単に書架とカウンターを設置して貸出・返却・レファレンスなどをおこなえばそれでよいというものではない。いずれも計画時には考慮されにくい（見落とされやすい）ものであるが，図書館を利用者に気持ちよく使ってもらうことと，職員が元気よく働くためにも，こうした項目は重要なものである。

第1節　照明計画

　照明は，読み書きのための明るさだけに必要なものではない。空間の雰囲気づくりにとって重要な要素である。効率的で明るく快適で，かつ精神的に落ち着くといった点を重視する。
　まずは，自然の恵みである太陽光の利用を考えたい。ただし，直射日光は，読書や図書に悪影響を与える可能性がある。とくに，南側・西側の大きな窓は要注意である。太陽光は季節・時間によって変化するので，それぞれの季節や時間においても十分な光が得られ，また影響が少ないことを設計段階で確認しておく必要がある。
　照明計画を立てるうえで考慮すべき点は，ムラなく，適正な明るさを確保することである。図書館内における適正な明るさは，照明基準総則（JIS Z 9110）によると，おおむね500（普通の視作業）〜750（やや精密な視作業）ルクス，500ルクス（閲覧スペース）である。長時間閲覧する際には800ルクス程度が必要[1]といわれている。また，明るさだけでなく光色や演光性（色温度）も重要な要素である。
　照明の組み合わせ方には，全般照明と局所照明，直接照明と間接照明（図9-1）といった方法がある。全般照明で全体的に必要な明るさを確保し，必要な個所には局所照明でその部分の明るさや雰囲気を保つようにする。効率的に照明する部分は直接照明を，穏やかで均等な照明を必要とする部分は間接照明を用いる。
　また，書架と照明の位置関係に気をつける必要がある。図9-2は書架と照明の関係を示したものである。図9-2左のように書架と照明が直交している場合には，照明の一部が書架の天板を照らすことになり，光源としては多少無駄になる。しかし，書架の移動に制約がない。いっぽう，図9-2右のように書架と照明が平行な場合には，照明の全部が通路を照らすことになり，光源の無駄はない。しかし，書架

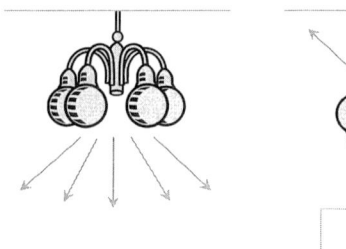

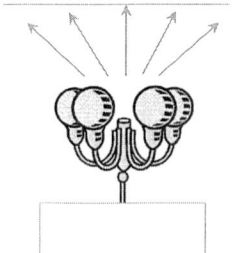

図9-1　直接照明（左）と間接照明（右）

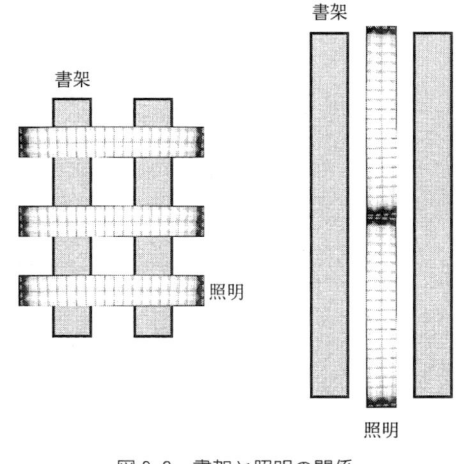

図 9-2　書架と照明の関係　　　　　　写真 9-1　書架天板に照明を取り付けた例

の直上に照明がこないようにしなければならず，書架の移動に制約ができてしまう。写真9-1のように，書架天板に上向きに照明を取り付け，その反射を利用して間接照明のかたちによって書架を照明する方法もある。間接照明のため高照度にはならないが，書架の移動の制約はなく，また柔らかな雰囲気を出すこともできる。

　そして，照明そのものの維持管理を容易にしておく必要がある。高所の照明を交換するには手間がかかるし，よく切れる電球は職員のほかの作業を妨げる。電気代といったランニングコストも重要である。たとえば，白熱灯は蛍光灯より30％効率が落ちる[2]。間接照明を多用すると，必要な明るさを確保するために多くのコストが必要となる。天井や壁・床，家具に明るい色を使うと，その反射光によって室内の明るさは増加する。館内の雰囲気づくりも大切であるが，維持管理が容易なこともまた大切なことである。

第2節　空調計画

　閲覧スペースはできるだけ均一の温度分布となるようにし，夏季28度・冬季18度が1つの基準である。空調だけではなく換気機能がついた空調器を（設計時から考慮して）導入して，外部の新鮮な空気を取り入れるようにしたい。温度設定は全館一律ではなく，各室やスペースによって変更できるようにしたい。同じ開架閲覧スペース内であっても，書架スペースと閲覧スペースでは人の密度や入れ替わりがちがうので，細かな温度制御ができることが望ましい。

　各室やスペース内での，空調の吹き出し位置やセンサー位置に留意する。吹き出しの直下に閲覧席があると，極端に寒かったり暖かかったりすることにもなる。センサーの近傍に熱を発生する機械（コピー機など）があると，本来の室温を感知しなくなる。つまり，センサーや吹き出し位置は内装計画に影響を与えるのである。また，館内に吹き抜けがあると温度差が発生しやすくなり，局所的に暑かったり寒かったりすることになる。

閉架書庫は恒温・恒湿に設定し，おおむね温度22度・湿度55％程度が1つの基準である。書庫は，外部の温度変化に影響されない位置に設計し，床や壁の仕上げも外部の温度変化に影響されない施工としたい。

具体的な設備としては，二重ガラスや熱吸収ガラスを用いて，空気層の形成と断熱性能の向上を図る。また，外壁や屋上を白色塗料で塗装して太陽光を反射したり，屋上を緑化したりすることで，太陽からの熱の影響を小さくする工夫も見られる。

第3節　防災計画

防災計画には2つの側面があり，日常的な災害と非常災害に分けることができる。

日常的な災害については，設計時の工夫に加えて図書館員の日々の努力の両方が必要である。日常災害の内容には，雨の日に床で転倒する，ドアに手を挟むといった日常生活でもあり得るもの（どちらかといえば利用者に主因がある）から，隙間に子どもの頭が入り込む，手すりによじのぼって転落するといった施設の設計時や図書館運営上で配慮しておくべき事項（図書館側に主因がある）もある。後者については，利用者の行動をできるだけ予見し対処を取っておく，予見の際にもあらゆる可能性をつぶさに検討することが大切である。"想定外"は許されない。

非常災害については，まずは法規に則った建築物が大前提であり，平時においても常に災害発生を想定した図書館運営を図書館員全員が心がけなければならない。

建築基準法の規定によって，各室は1500m^2あるいは3000m^2が基準の広さになる。開架閲覧スペースなどでこれ以上大きな部屋を設ける際には，防火区画（建築基準法施行令112条）[3)]が設定できる仕組みにする。すなわち，部屋のなかにシャッターや鉄扉を設置するとともに，その可動範囲には物（机・椅子・書棚など）を置くことはできない。見た目には，何も置かれない大きな空間ができることになる（巻末資料3参照）。

避難経路については，劇場・公会堂や6階以上の建物には直通階段（地上または避難階へ直接通ずる階段）が2カ所以上必要（建築基準法施行令121条）である。5階以下の建物であっても，100m^2（耐火構造の場合は200m^2）以上の床面積の場合は直通階段が必要であるし，日常使用する階段のほかに，避難階段が必要（建築基準法施行令122条）である。また緊急時のために，消防車の進入路を確保することも重要である。そのほか一般的な防火設備としては，火災報知機，消火設備，非常電源，非常照明などがあり，建築基準法および同施行令によって定められているように配置するとともに，作動することができる環境を常日頃から整えておく必要がある。火災報知器は利用者にもわかりやすいようにしておく，消火設備の使用を妨げることがないようまわりに物を配置しないなど，日々の図書館業務において意識を高くもつことが大切である。利用者のために，避難経路を指示するわかりやすいサインを準備しておくことも，日々の運営の1つである。

近年増えてきているのが，AV機器やコンピュータによる電気が原因の事故である。機器の配

線や電気機器からの火災は一定数見受けられる。コンセントに埃（ほこり）が絡みついての火災や，漏電による場合もある。製品情報を注視しておくとともに，コンセント周辺をよく清掃する。とくにコンピュータの事故の場合，データが消失するとその後の図書館運営に大きな影響を与えかねない。無停電電源装置によって停電の影響を回避する，図書館の建物の外へデータのバックアップするなど，平時からの対策が重要である。一見無駄なようであるが，これらは必要なコストである。

万が一，火事が起こった場合の消火装置としては，図書館では窒素ガスやハロンガスで酸素を遮断する方法が採られてきた。酸素を絶つため，人間が居ないことを確認してからの作動となる。スプリンクラーは，作動時であっても書籍に水をかけたくないこと，配管からの漏水の可能性からこれまでは採用されてこなかった。ところが近年，水をかぶった本は冷凍して急速解凍することで元に戻せるという事例[4]が報告されたことから，スプリンクラーによる消火装置を思い切って採用した例（市川市中央図書館）も現れてきた[5]。

内装材の不燃化や避難経路の確保といった設備面はもちろんであるが，上述したように日々の業務のなかでの取り組みが大切である。日常でできることを確実におこなうことで，非常時の損害（人的にも物的にも）を最小限にすることができる。

第4節　音

図書館内は静粛が基本であるが，貸出やレファレンスといった通常の使用によって館内からのある程度の音の発生は避けられない。また，公共図書館であればさまざまな属性をもった多数の利用者が利用する。そのため，利用者が少ない図書館でなければ，許容できる範囲の音であれば許容すべきである。表9-1と表9-2に示すように，図書館内外の音に関する調査の結果[6]によると，人の活動音はあまり気にならないというデータもある。また，館外からの騒音は外壁材や建具材によって防ぐことができる。

図書館内で発生する音の種類としては，歩行音，話声（会話），電話音，空調，コンピュータのキーボード，プリンタ，コピー機などがあげられる。カーペットを敷くことや，低騒音型の空調機を導入することで，ある程度の音は低減できる。キーボードやプリンタといった音を発する機械は閲覧スペースから離し，レファレンス室での使用は限定する。利用者が持ち込むケースが多いようであれば，パソコン専用スペースを設けて閲覧中の利用者の邪魔にならないようにしたい。話声が多くなるのはレファレンスサービスのときであり，これもレファレンス室・スペースを設置することで，閲覧スペースから離すことができる。コピー機も閲覧スペースから離れた場所，たとえば貸出カウンターの前やレファレンススペースに設置するようにする。近年では携帯電話の各種音（呼び出し音，会話，ボタン音，バイブレーション）が問題となってきている。電源を切ることが望ましいが，少なくともバイブレーションにしてもらえるよう，サインやアナウンスによって徹底したい。

音の発生を抑えるのと同時に，音が伝わりにくいような館内のつくりにすることも重要である。

表 9-1 音の種類と望ましくない音（館外）

音の種類	割合(%)	音の種類	割合(%)
自動車の走行音	73.4	建築・工事の音	91.0
人の声	58.2	工場の音	86.0
雨の音	47.9	航空機の音	65.7
風の音	44.8	電車の音	57.0
警笛・サイレン	41.7	自動車の音	53.8

表 9-2 音の種類と望ましくない音（館内）

音の種類	割合(%)	音の種類	割合(%)
子どもの声	85.8	利用者が持ち込んだ電卓	73.7
利用者の話し声	81.5	テレカの返却音	60.3
人の足音	58.9	タイプライター	55.6
電話のベル	58.4	プリンター	45.8
空調の吹き出し	57.5	エレベーターのモーター音	45.3
利用者が持ち込んだパソコン	85.2	電話のベル	41.0
		利用者の話し声	40.7

天井の高さが低いと音が反射し，より大きな音になって聞こえてしまう。また，館内に吹き抜けをつくると，ある階で発生した音がほかの階へ拡散することになる。一方で，図書自体が吸音作用をもつので，高書架を設置するところでは，壁での吸音はあまり考慮しなくてよい。

第5節　図書館犯罪

高山ほか（1997）[7] や小川（2010）[8] の分類によると，図書館における犯罪には以下のようなものがある。

- 破損行為：資料の破損（切り抜き），設備・機器の破損
- 盗難：蔵書の盗難，設備の盗難，利用者の所持品の盗難
- 問題利用者：ソファに寝ころぶ，盗撮
- 暴行：利用者同士，職員が被る被害
- 放火

蔵書の盗難については，近年では BDS（Book Detection System）による対処がされている。貸出手続きをしない資料を持って退館しようとすれば，BDS がチェックをしてくれる。職員の蔵書管理に対する負担はかなり軽減される。もし BDS が作動した際には，利用者を疑うのではなく，スキャンミスを確認するという視点でのソフトな対応を心がけたい。BDS にはテープを書籍に張り込む磁気方式や，IC タグを使った電波方式などがある。

問題利用者として近年多いのは，利用者を盗み撮るという盗撮（小川，2010）である。閲覧スペースの設計を図書館員の目が行き届くようなつくりにしておき，そもそも盗撮の機会を与えないことが犯罪の抑止につながる。カウンター位置と閲覧スペースのつくり方（書架・閲覧席を含めて）との関係が大切である。また，防犯カメラの導入といったことも議論となる。抑止力としては申し分ないが，利用者の抵抗感は今やどの程度であろうか[9]。

設 問

(1) 開架閲覧スペースにおける理想的な光の条件について，照明・採光を含めて 900 字程度にまとめよ。
(2) 『図書館におけるリスクマネージメントガイドブック』を参考に，図書館における防災計画を 900 字程度で具体的にまとめよ。

参考文献
1. 植松貞夫［ほか］『よい図書館施設をつくる JLA図書館実践シリーズ 13』日本図書館協会，2010 年
2. 同上『図書館学シリーズ 9 図書館建築 ―施設と設備―』樹村房，1981 年
3. 日本図書館協会図書館ハンドブック編集委員会編『図書館ハンドブック 第 6 版補訂版』日本図書館協会，2010 年
4. 栗原嘉一郎編著『図書館の施設と設備 現代図書館学講座 13』東京書籍，1988 年
5. 小川俊彦『図書館を計画する』勁草書房，2010 年
6. 本田明［ほか］『図書館員選書 15 図書館施設を見直す』日本図書館協会，1986 年
7. 高山正也［ほか］『図書館経営論　新図書館学シリーズ 2』樹村房，1997 年
8. 「ロサンゼルス図書館公共図書館で火災―蔵書 40 万冊が消失―」『図書館雑誌』Vol.80，No.7，1986 年
9. 加藤修子「全国 11 都道府県の公立図書館における音環境調査の総合報告と比較分析：図書館におけるサウンドスケープ・デザイン」『Library and Information Science』No.37，1997 年，pp.13-34
10. 三菱総合研究所『図書館におけるリスクマネージメントガイドブック』2010 年

注
1) 植松貞夫［ほか］『図書館学シリーズ 9 図書館建築 ―施設と設備―』樹村房，1981 年，p.151。小川俊彦『図書館を計画する』勁草書房 2010 年，p.71。
2) 前掲1)，植松［ほか］，pp.151-152。
3) 耐火構造の床や壁で 1500m²ごと（スプリンクラー設備，水噴霧消火設備，泡消化設備などの自動式消化設備があれば 3000m²ごと）に区切ることが法規上定められている。
4) 「ロサンゼルス図書館公共図書館で火災―蔵書 40 万冊が消失―」『図書館雑誌』Vol.80，No.7，1986 年，p.382。
5) 前掲1)，小川，p.82。
6) 加藤修子「全国 11 都道府県の公立図書館における音環境調査の総合報告と比較分析：図書館におけるサウンドスケープ・デザイン」『Library and Information Science』No.37，1997 年，pp.13-34。
7) 高山正也［ほか］『図書館経営論　新図書館学シリーズ 2』樹村房，1997 年，p.111。
8) 前掲4)，p.78，p.85。
9) 前掲4)，p.84 では，現場の意見として「図書館にとって欠かせないものになってきているといわなくてはならない」という報告もある。

10 複合・併設館について

　複合・併設館の定義は明確なものはないが、ここでは、「同一の建物あるいは同一の敷地内に図書館以外の機能をもった施設が存在しているもの」とする。ほかの施設としては、保育所、児童館、高齢者施設、体育館、生涯学習センター、市役所といった公共施設はもとより、ホテル、賃貸マンションといった例もみられる。

　複合館・併設館を建築・運営する場合、図書館のことだけではなく、複合相手となる施設についても考慮し調整をおこなう必要がある。

第1節　複合化にいたる理由

　消極的な理由として、主として都市部において、用地取得の困難さから止むを得ない場合がある。従前からの公共施設に、公民館、学校、病院、保健所などがある。近年では、美術館、音楽ホールといった文化施設や、生涯学習センターや老人福祉センターといった社会政策的な施設についても新設要求がある。それぞれの施設について適切な用地を取得することはもちろん必要ではあるが、昨今の各自治体の財政状況を考えると厳しいものがある。施設をつくることへの要望は大きいが、用地取得が困難となれば、複合化によって公有地の有効利用を図ることとなる。

　一方で、積極的に複合化を図るべきという考え方もある。地域住民が集まる中心を形成するために、地域づくりや地域活性化の拠点として、複合化した施設群をまとめた建物をつくるというものである。美術館や音楽ホール、スポーツ施設など、人が集まる施設をまとめてつくり、街の中心としての役割をもたせるのである。

　図書館界では、過去には、「本館の複合施設化は絶対に避けるべき、また、分館もできるだけ避けるべき」[1]という主張も強かった。管理に不便、他施設への来館者が図書館の利用者に転嫁することは考えにくい、図書館が建物内の不便な場所（裏側や上層階）に追いやられるといったことが論拠とされた。

　1992（平成4）年の文教施設のインテリジェント化に関する調査研究協力者会議報告[2]では、相互利用・共同利用によって学習環境の多機能化・高度化を図ることや、日常の生活のなかで容易かつ活発に学習できるようにするために、駅やショッピングセンターといった生活関連施設のなかに文化サービス（図書貸出サービスなど）や学習のための場の提供（ギャラリーや集会スペース）を提言している。

第2節　複合館のメリット・デメリット

複合館には，単独館にはないメリット・デメリットがある[3]。建築上の問題は次のようである。

- スペース構成が複雑になり，機能スペースを確保したり，わかりやすい動線とするなど，設計条件が多くなる。
- 成長・変化する図書館の性質に対して，拡張性と融通性を確保するための制約が多く，多くの場合それらが望めないこと。
- しばしば図書館にとっては不適切な配置や設計となり，サービスに支障をきたすこと。
- 構造システムや設備系統など，全体と各施設固有の要求の調整が必要となり，防災上の配慮も複雑になるなど，設計技術上解決すべき事項が多くなること。

管理運営上の問題としては次のようである。

- 施設によって開館（使用）時間や休館日などが異なり，全体と各施設固有の運営上の調整や，共用部分・専用部分などの管理区分を明確にする必要があること。
- 利用面でも，時間帯によって施設の雰囲気が異なったり，集団利用による騒音などが他施設の迷惑になる場合があること。
- しばしば，図書館が複合施設全体の管理系統下におかれたり，人員配置が一括して考えられたりすることにつながること。このことは，図書館サービスが他施設の運営と兼務にされたり，また司書でない長の指揮監督下におかれるなど，図書館サービスを疎外する結果になる恐れがある。

一方で，複合化のメリットとしては次のようである。

- 適正な敷地の取得難，地価の高騰という現下の情勢であっても，比較的よい立地が得られる。
- 施設利用の相乗効果により，よき複合は新たな発見や参加・行動をもたらす。
- 複合施設全体の利用促進が図られ，「図書館のついでに他施設を利用する」効果がみられる。しかし，逆に「他施設のついでに図書館を利用する」はあまりみられない。

第3節　複合館の分類

複合館の形態は館によってちがうが，いくつかの典型的なパターンに分けることができる[4]。

a. 別棟型

　図書館は，完全に他の施設と別の建物である。たまたま同じ敷地内に複数の施設があるだけで，それぞれはまったく独立している。

b. 一階型（おんぶ型）

　複合施設の1階部分全部（または1階からそれ以上の階まで連続して）に図書館があり，ほかの施設が図書館より上の階に位置する。大学図書館では，1階から低層階部分を図書館とし，上層階を教員の研究室とする例は多い。

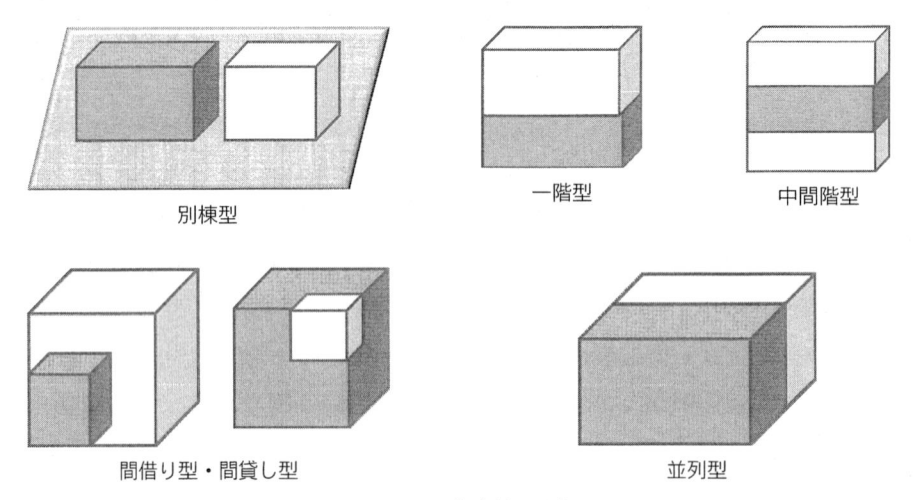

図10-1　複合館の形態

c. 中間階型
大規模な建築物の中間階に図書館が入るものである。利用者からみれば，どこからどこまでが図書館なのかが最もわかりにくいものである。

d. 間借り型・間貸し型
建物の一角に図書館以外の施設が入っているものである。ほかの施設の一角に図書館が入っている場合は間借り型，図書館のほうが主でありほかの施設が一角に入っている場合は間貸し型である。間借り型は，小規模図書館・分館や学習供用施設などで多くみられる。間貸し型は，図書館にとっては独立館とほぼ同じ条件になるが，ほかの施設のことも考慮に入れた運営が必要となる点はほかの場合と変わりない。

e. 並列型
間借り型・間貸し型といった主従関係があるのではなく，図書館とほかの施設の双方が同じ程度の規模をもっている場合である。

第4節　複合館の設計

複合館を設計する際には，単独施設である場合に加えて，複合館ならではの考慮すべき事項がある。設計計画がすでに概要・詳細まで決定している場合もあるが，本来であれば決定するより以前に図書館としてかかわるべきであるし，利用者の利便を考えた設計変更が可能であれば積極的に（情緒的ではなく客観性ある根拠を示しつつ）主張すべきである。

そもそも論として，複合・併設となる各施設はそれぞれに目的をもっている。建築しようとしている場所が，各施設にとって，立地や敷地の条件に本当に適しているか，十分に機能するかを考える必要がある。複合する理由が，用地がないからということかもしれないが，それもふまえて，施設計画を考える必要がある。

まず，複合化するにあたって，どういう相手がふさわしいかということを考える。組み合わせとして望ましいもの[5]は，①商業施設のような個人の任意利用が主となる施設，②図書館の存在がPRできるようにさまざまな年齢層の住民が集まる施設，③図書館と関連づけた文化活動やコミュニティ活動を誘発できる施設である。保育所・児童館は有効と思われがちであるが，遊ぶ場である保育所・児童館の雰囲気をそのまま図書館にもちこむことになってしまい，あまり適切ではない。児童館は元気に走り回るところ，図書館は本を静かに見て回るところとしたい。やはり，遊ぶ場と学ぶ場とは分離しておくべきである。高齢者施設は，定年後の余暇活用や生涯学習としては有効ではあるが，利用者をどのように図書館に引き込むかが課題となる。公民館・生涯学習センターは会議室・集会施設の有効活用が図れ，とくに公民館は同じ社会教育施設のカテゴリーに入るため，学習としてとらえた場合には有効な組み合わせである。読書は学習行為の代表的なものであり，生涯学習の中心的存在としての図書館はシンボルとして有効である。ただし，こうした施設は目的性が強いため，催しプログラムや内容によって人が一斉に集まり解散し，利用者が一斉に図書館側に押し寄せるという事態を招くこともありうる。

また，文教施設だけでなく，駅・郵便局をはじめとした生活関連施設との複合化という手法もある。近年では図書館の集客力を見込まれてショッピングセンターの一角に入ることもあるが，ショッピングフロアの構成との関係も考える必要がある。たとえば，食品売り場と図書館が同じ階というのは，いかがなものであろうか。その場合，フロア構成の変更を考えなければならなくなる場合も起こりうる。

つぎに，どういう相手と複合化するかによって，図書館の位置（階数）がおのずから決定する。

保育所や高齢者施設はその利用者特性から，体育館は音が発生するといった使用条件から，下階になり，図書館が上階に入ることになる。ホテルや賃貸マンションといった私的空間を伴う施設は上階に入ることになり，図書館が下階になる。また，図書館などの立ち寄り型の施設は道路から見てわかりやすい位置におき，文化ホールなどの目的型の施設は，存在が示されアクセス経路がわかりやすければよい[6]。図書館が移動図書館車をもつ場合には，公道へのアプローチが必要となる。図書館が下階にある場合にはアプローチは確保できるが，上階の場合には図書館本体と移動図書館車とが離れてしまうことになる。専用アクセス（エレベータなど）があればよいが，共用アクセスの場合は，移動図書館に必要となるだけの設備は必ず確保しなければならない。

さらに，入口や共用スペースをどのように扱うかが大きな問題となる。互いの利用形態がポイントであり，単独での利用を想定している施設（保育所など）は入口を別個に設け，相乗効果を狙う場合は入り口を共用する。地区センターと併設している場合，入口を分離している場合もある（写真10-1）し，玄関ホールを共用している場合（武蔵村山市の多くの図書館）もある。開館時間や曜日が異なっている場合も配慮が必要である。目的とする施設まで利用者が行ってみて初めて休館がわかるということでは明らかにサービスの質が悪い。この問題は，個々の図書館だけでなく，複合相手の施設や建設主体がどういう考え方をもつかにも依存するため，何がよいか，どの程度共有すべきかは一概に定まらない。前提として，その複合施設をどのように位置づけるか

という確固たる方針（ポリシー）が重要である。

一方で，防災という観点からは，避難経路が複雑になりやすいことと，利用者層が多岐にわたることのため，単独館の場合よりも細かな配慮が必要となる。防災に関する責任主体を，建物全体，図書館，複合相手との間で明確にし，分担し，管理・運営にあたる。これは，防災に限らず，日々の管理・運営にあたっても同じである。

各施設が集合しただけになってしまうと，単独館よりも利便性が低下する場合もある。これは複合相手にとっても同じことである。複合・併設するからには，学習環境の向上をはじめとした，複合化した利点が大きくなるように計画すべきである。

写真10-1　横浜市立山内図書館　左奥に図書館，右下付近に地区センターの入口がある

第5節　複合館の現場から

実際に複合施設に勤務している職員からのレポート[7]によると，複合・併設施設を建てる際のポイントは以下のようになる。

①ほかの自治体の施設を見学すること，できれば建築にかかわる人の全員で
②計画設計段階から，図書館の職員（図書館についてわかる人）がかかわる
③妥協できる点・できない点をはっきりさせ，妥協できない点は相手に納得してもらう
④将来の増築の可能性はない
⑤建物が完成して開館すると，どんな建物でも不満はある（単独館でも同じこと）
⑥併設相手の職員との連係プレーが重要
⑦図書館については，あくまでも図書館が運営する

①②は，単独施設であっても必要な点であることにちがいないが，複合施設の場合はより重要な点である。②については，複合施設は図書館のためだけの施設でないので，⑥にも通ずるが，ほかの施設の職員との連携や交渉・打合せのためにも必要なことである。とくに③について，図書館はできるだけ1階に配置するほうがよく，この点は妥協できない点である。階上からの振動や柱の配置をあけて，この主張に反論を受ける場合は，設計である程度までは解決できるものと意見をいうべきである。⑥と⑦は関係性がむずかしいが，担当の線引きと相互のコミュニケーションが必要となる。計画設計段階から連携プレーは不可欠なものである。⑤は意外に重要であり，運営における不都合の原因を複合に求めてしまうと，解決策が見いだせなくなるおそれがある。まずは，その環境でどのように改善を図るかが（考え方として）重要である。

図書館員が設計からきちんとかかわり，開館後の運営を図るということは，単独館であっても複合館であっても同じということである。

第6節　複合館の現状

表10-1　単独館・複合館の数
（単位：館）

	全体		本館		分館	
	単独	複合	単独	複合	単独	複合
平成11年	1191	1399	1012	944	179	455
平成20年	1210	1954	931	968	279	986

「平成20年度社会教育調査」によると，公立図書館3165館中で単独館が1210館（図書館全体の38.2%）・複合館が1954館（61.8%）である。本館・分館の別では，本館は1899館中で単独931館・複合968館でほぼ半々の比率だが，分館は1265館中で単独279館・複合986館である。分館はおおよそ78%が他の施設との複合館である。表10-1に示したように，平成11年度調査と比べると分館の複合化が増えている。分館は本館に比べて規模が大きくない，分館を多数設置するコストを賄えない，図書館の分館と複合することによって施設全体の「集客効果」を狙うなどの理由が考えられる。

地方公共団体における図書館設置率は72.6%（市98.0%・町59.3%・村22.3%）と，図書館サービスを身近に受けられる環境にない国民も依然として多いことを考えると，まずは図書館サービスを行き渡らせるために複合施設のなかに図書館を設置するという考え方や行政判断があってもよい。

設問

(1) 複合施設において，複合相手からみた図書館との複合化について，本章の記述を参考に900字程度にまとめなさい。
(2) 複合施設の例を探し，その館における複合化のメリット・デメリットについて900字程度にまとめなさい。

参考文献
1. 文教施設のインテリジェント化に関する調査研究協力者会議『文教施設のインテリジェント化について―21世紀に向けた新たな学習環境の創造―』文部省，1990年
2. 日本図書館協会編『市民の図書館』日本図書館協会，1970年
3. 植松貞夫［ほか］『よい図書館施設をつくる　JLA図書館実践シリーズ13』日本図書館協会，2010年
4. 同上『図書館学シリーズ9　図書館建築　―施設と設備―』樹村房，1981年
5. 本田明［ほか］『図書館員選書15　図書館施設を見直す』日本図書館協会，1986年
6. 冨江伸治「複合・併設館における図書館計画」『現代の図書館』Vol.30, No.2, 1992年
7. 国分一也「複合館で働いている図書館職員の報告」『現代の図書館』Vol.30, No.2, 1992年
8. 文部科学省『平成11年度社会教育調査』『平成20年度社会教育調査』

注
1) 日本図書館協会編『市民の図書館』日本図書館協会，1970年，p.97。
2) 『文教施設のインテリジェント化について―21世紀に向けた新たな学習環境の創造―』文部省，1990年。
3) 冨江伸治「複合・併設館における図書館計画」『現代の図書館』Vol.30, No.2, 1992年。
4) 植松貞夫他著『図書館学シリーズ9　図書館建築　―施設と設備―』樹村房，1981年，p.81-82を一部修正。
5) 前掲3)。
6) 「ふらっと来て本を読む人」にはふらっと来たくなる雰囲気を，「コンサートを目的に来る人」にはその場所・位置が明確であることが望ましいということである。
7) 国分一也「複合館で働いている図書館職員の報告」『現代の図書館』Vol.30, No.2, 1992年。

11 図書館建築の実例

　この章では，特徴ある図書館建築の実例について扱う。ここで紹介する図書館はほんの一部であり，これら以外にも多くの特徴ある図書館建築が存在する。インターネットで検索すると，近年の行政の情報公開という流れに乗って，建築計画のコンペ（第3章参照）の結果などが都道府県や市町村のWebページに掲載されている場合が多い。ぜひ多くの実例にふれ，興味があれば実際に現地に足を運んでみてほしい。

　単独館の例（渋谷区立中央図書館）[1]，複合建築の例（足立区立中央図書館，町田市立中央図書館），既存施設の改修例（茨城県立図書館）について紹介する。

第1節　渋谷区立中央図書館

　1970（昭和45）年に開館した旧・渋谷区立中央図書館が手狭になり建物の老朽化が進んだため，2010（平成22）年5月に向かいの敷地に移転した。地上5階地下1階建てで総床面積は旧図書館の3440m^{2}から4450m^{2}へと広がり，蔵書数も19万冊から24万冊（34万冊まで所蔵可能）へと増加した。

　1階は，児童書コーナー，貸出カウンター，喫茶休憩コーナーがある。児童書コーナーには床暖房を備えた靴脱ぎコーナーがある。貸出カウンターの向かいにはICタグによる自動貸出機が3台設置されている。喫茶休憩コーナーは，BDSの内部ながらテラスがあり，建物外部へ出ることができる。

写真11-1　渋谷区立中央図書館

写真11-2　児童図書コーナー

写真11-3　外部とつながるテラス

写真 11-4　一般開架

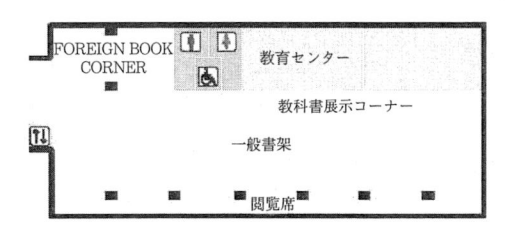

図 11-1　4 階の配置図

2階は，参考室，展示室，雑誌・新聞コーナー，レファレンスコーナー，対面朗読室，事務室がある。レファレンスコーナーには，インターネットに接続したパソコンが5台，データベースにアクセスできるパソコンが2台あるとともに，パソコンを持ち込んで使用できる席（電源コンセントあり）が用意されている。レファレンスコーナーには利用者が座る椅子がなく，立ったままで相談や調べものをおこなわねばならない。

3階と4階は，一般開架である。3階はファッション，ヤング，家庭書，文学，4階は社会科学，自然科学，外国語書籍，となっている。閲覧席は，渋谷区民だけが利用できる「区民席」，利用者カードを持つ人が利用できる「キャレル席」，誰でも利用できる「自由席」に分かれている。また，書架の脇に簡易ソファが設けられ，軽読書ができる。パソコンの使用は，3階では不可，4階閲覧席では可能（電源コンセントなし）である。4階の一角には渋谷区教育センターが併設されており，教科書や教育に関する資料を閲覧することができる。

5階には，集会室，会議室があり，地下1階は10万冊が収蔵できる閉架書庫である。

第2節　足立区立中央図書館

足立区立中央図書館は 2000（平成 12）年 7 月に，旧中央図書館に代わって足立区生涯学習総合施設「学びピア 21」のなかに開館した。学びピア 21 は，足立区立中央図書館・生涯学習センター・放送大学・荒川ビジターセンターの4つの学習施設と，東京都住宅供給公社による高層マンションから成り，21 階建ての都市型複合施設である。そのうち中央図書館は 1～3 階を占め，4・5 階が生涯学習センター，6 階が放送大学，7 階にはレストラン，マンション部分は 8 階以上である。敷地は，国道 4 号線と荒川に囲まれた複雑な形をしている。

施設への入口は 1 階玄関部分からと，荒川のスーパー堤防側から施設の 4 階へと通じる広場・中庭側からのアプローチ（写真 11-6，カバー写真）がある。

図書館の総床面積は 6537m^2 である。2011（平成 23）年度のデータでは，蔵書数は約 75 万冊であり，その内訳は図書 52.5 万冊，児童書 15.5 万冊，雑誌 4.3 万冊，映像資料 2.1 万組である。入館者数は年間 69 万人で貸出冊数は 65 万冊である。

写真 11-5　学びピア 21　　　　　　　　写真 11-6　施設入口（堤防側）

　1 階部分は閉架書庫と，エントランスロビー，新聞・雑誌コーナー，AV コーナーとカウンターがある。エントランスロビーは他の施設との共用で，エレベータ乗り場や階段があって他の施設への出入り口ともなっている。そのため，レストランや放送大学への人の出入りが多くあり，騒がしさは免れない。図書館のなかでも騒がしさが許容できるスペースを 1 階に配置したものと思われる。

　メインの入口となる 2 階へは，外部からエスカレータで入ることができる。2 階玄関上部は吹き抜けとなっていて，これを囲むように各部門がおかれている。内装と書架・閲覧席・カウンターなどはホワイトオーク材で統一されていて，柔らかさと落ち着きを醸し出している。また，床の大部分は OA フロアとなっている。

　2 階は児童コーナー，ヤングコーナー，旅行ガイド・家政コーナー，外国語コーナー，一般書のうち 7 類から 9 類といった比較的カジュアルな部門を配置している。書架は 4 段の低書架で見通しを確保し，透明アクリル板を利用したサイン表示をおこなっている。児童コーナーの奥には「お話のへや」があり，照明を星空天井に変化させることができる仕掛けがある。

　3 階部分は，専用カウンターを設けレファレンス質問への対応を図っている。このカウンターの隣にはインターネットに接続されたパソコンが設置されており，利用者は 30 分単位で利用できる。3 階閲覧席ではパソコンの持ち込み使用が可能である（電源は設置さ

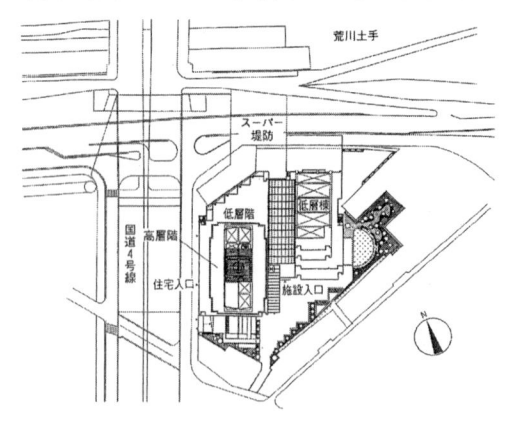

図 11-2　学びピア 21 の配置図

写真11-7　エントランスロビー 　　　　写真11-8　透明アクリル板を使ったサイン表示

れていない）。また，人文・社会コーナー，科学技術コーナー，地域資料・参考図書・レファレンスコーナー，障がい者サービスコーナーがある。このように，3階はやや堅めの利用者向けである。

生涯学習センターの4階部分には講堂が，5階部分には研修室があり，イベント・催し物や学習会にはそちらの施設を使うことができる。

今後の課題としては，館内でのWeb環境の整備，ユニバーサルデザインへの対応などがあげられている。

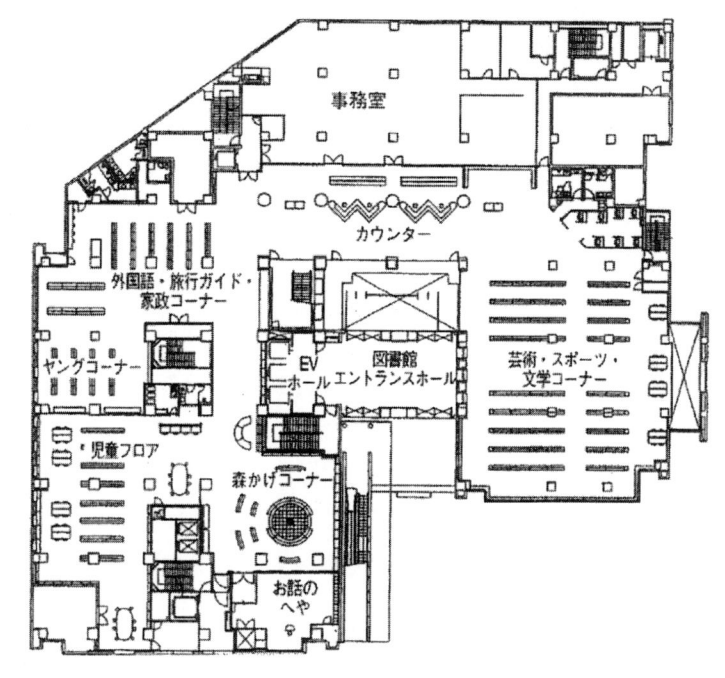

図11-3　2階の配置図

第3節　町田市立中央図書館

1980（昭和55）年，国鉄原町田駅（当時）の移転と複線化による町田駅周辺の再開発事業の一環として，文化性・教養性の高い核施設として，ホテルと町田市立中央図書館を複合化して建築し，1990（平成2）年に開館した。地上13階地下2階建てのうち，図書館は4～6階を占め，そのほかの部分はホテルである。再開発計画当初は商業施設を構想していたが，旧・大規模小売店舗法の制約によりホテル＋ビジネスフロア＋住宅と変化し，デベロッパーの提案からホテル＋店舗＋公益施設のかたちとなった。そこで町田市としては中央図書館構想があり，公益施設として現在のかたちで建築することとなった。

写真11-9　町田市立中央図書館

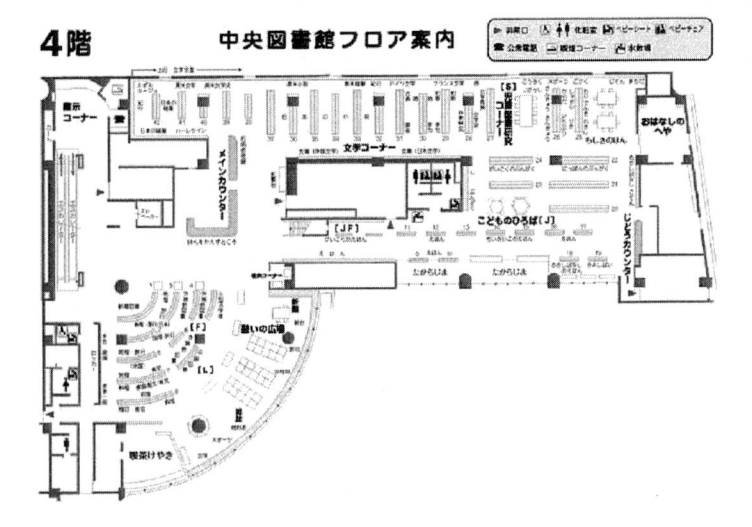

図11-4　4階のフロア案内

　町田駅からペデストリアンデッキで接続し，2階入口へつながる。入口から図書館がある4階へはエスカレータを利用する。

　図書館の総面積は5278m^{2}であり，1・2階の入口部分などを除いて，図書館本体がある4～6階部分は5071m^{2}である。2008（平成20）年度のデータでは，蔵書数は58万冊であり，その内訳は図書47万冊，児童書6.5万冊，視聴覚資料4.5万セットである。年間貸出冊数は134万冊である。

　フロア案内（図11-4）からわかるように，4・5階ともフロア中央に非常階段とトイレがあり，メインカウンターからフロア全体を見渡すことはできない。それを囲むように各コーナーが設置されている。

　4階には，メインカウンター，児童コーナー，文学コーナー，憩いの広場（地理・家政の分類に属する資料，雑誌コーナー），喫茶がある。カーペット敷きの児童コーナーがあり，靴を脱いで利用することができる。中央の非常階段側の壁面一杯に書架が展開されているが，上方の書籍を確認するには脚立を用いても厳しい。

　5階には，一般書，ヤングアダルトコーナー，AVコーナー，障害者サービスコーナー，地域資料・レファレンスコーナー，和室，キャレルがある。AVコーナーの一角にはパソコンの持ち込み使用が可能な閲覧席があり，インターネット接続が可能である。

　6階には，150席の視聴覚ホール，集会室，読書室，保存書庫，館長室，事務室が設けられ

写真11-10　2階入口

ている。4・5階部分に閲覧スペースが広く取れないため、奥まったところに独立した部屋として読書室があり40席ほどの座席が提供されている。

写真11-11　カーペット敷きの児童コーナー

写真11-12　非常階段側の書棚

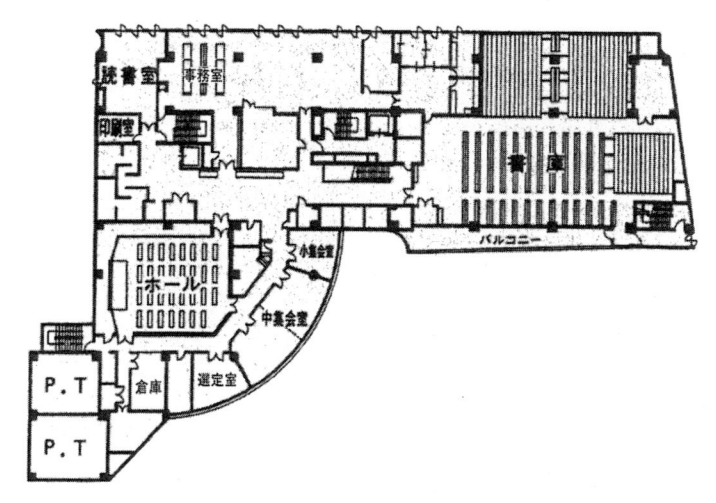

図11-5　6階の配置図

第4節　茨城県立図書館

　旧県立図書館は1956（昭和31）年に20万冊規模で建設されたが、1993（平成5）年には48万冊の蔵書となり、書庫を積層化し、1995（平成7）年には団体貸出用の専用書庫を建設した。しかし、旧県立図書館ではビデオ・CD資料の館内閲覧ができないなどサービス面で問題があり、根本的解決策とはならず、新しい図書館へと移転することになった。そこで、旧県議会議事堂を事業費20億円、期間10カ月をかけて改修のうえ、2001（平成13）年3月から新しく県立図書館としたものである（写真11-13、カバー写真）。旧館と比べて広さは2.7倍、閲覧スペースは3.8倍となった。転用にあたって、建物自体の耐震性能に問題はなかったが、設備は寿命がきていたので入れ替えをおこなった。主な改修点は、バリアフリー対応のためのスロープやエレベータの設置、書架設置のための鉄骨梁による床の補強、照明の拡充である。

　図書館の延床面積は、8701m^2である。収蔵能力は76万5000冊のところ、実際の資料数87万点であり、その内訳は一般図書58万冊、児童書16万冊、郷土資料9万冊、視聴覚資料4万セッ

写真 11-13　茨城県立図書館 　　　　　　写真 11-14　入口とカウンター

トである。図書館本館だけではすべてを収蔵しきれないため，1km 離れたところに団体貸出用の資料を保管する書庫がある。2010（平成 22）年度の年間入館者数は 54 万人，貸出冊数は 47 万冊である。移転前後では，1999（平成 11）年度の貸出冊数が 11 万冊から 2001（平成 13）年度は 48 万冊へと大幅に増加している。

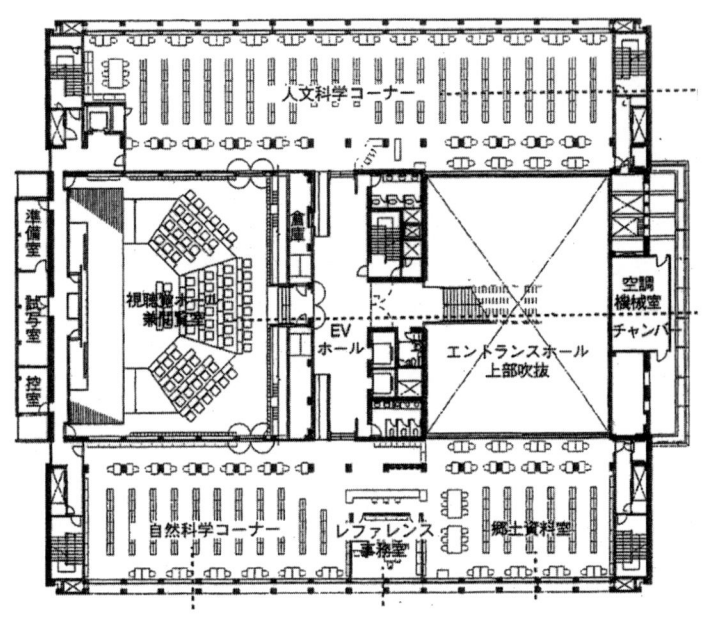

　1 階は，議会事務室，議会図書室，面会室であったところを改修し，視聴覚コーナー，

図 11-6　図書館部分の配置図

こどもとしょしつ，新聞雑誌コーナーを設けている。エントランスホールは議事堂のものをそのまま活用している。視聴覚ブースは 23 台あり，そのうちインターネット環境が 5 台分確保され

写真 11-15　視聴覚ホール兼閲覧室 　　　　　写真 11-16　一般書架

ている。

　2階は，議長室，副議長室，議員控室であったところを，開架閲覧スペース，レファレンススペース，郷土資料室とした。旧議場はそのままのかたちで残し，260インチの大型スクリーンを設置して視聴覚ホールとして講演会や映画会を開催することができる。催しがないときは閲覧室として使用している。レファレンス部門はガラス張りの事務室となっており，利用者からは図書館職員の状況を確認することができる。3階は，委員会室を改修し，館長室，事務室，会議室として使用している。地下1階は書庫として使用している。

　当面のところ現状のままで推移するものと思われるが，図書館本館とは別の場所に書庫を設けており，将来的にはなんらかの対応を迫られるであろう。

写真11-17　レファレンス部門の事務室

設問

(1) 近隣の図書館について，図面（敷地・設計図面）と図書館計画書を入手手法を考え，実際に入手してその図書館の特徴を900字程度にまとめてみよ。

(2) (1)で入手した図面と図書館計画書をもとに，あなたが考える理想の図書館との差異を考え900字程度にまとめてみよ。

参考文献

1. 「渋谷区立中央図書館パンフレット」2010年
2. 坂巻英史・山岡良子「足立区生涯学習総合施設　学びピア21「設計のポイント」」『生涯学習空間』No.27，2001年
3. 「足立区立中央図書館パンフレット」2002年
4. 足立区教育委員会『足立区図書館計画』2009年
5. 町田市『2008年度町田の図書館』2009年
6. 町田市立中央図書館『建築計画書第一部』1986年
7. 町田市市街地整備事務所『まちだの再開発』1994年
8. 『茨城県立図書館100年の歩み』2003年
9. 『平成23年度茨城県立図書館要覧』2011年

注

1) 後述するように，図書館内に教育センターが併設されているため，厳密な意味では複合館（間貸し型—第8章参照）に属するが，図書館が占める床面積が圧倒的に大きいため，本書では単独館として紹介している。

12 図面と図学の基本

　この章では、図面の読み取りに際して最低限必要な、図学や立体図形の基礎について扱う。立体図形については高校の数学で学ぶものであるが、諸事情により断念した人も多いと思われるため、図書館施設論を学び、実際に図書館建築に司書としてかかわるうえで必要な程度に限って述べていくことにする。

第1節　司書と図面

　図書館職員が図面を書く必要はない。第3章で述べたように、図書館計画書にもとづいて図面を描き建物を設計するのは建築にたずさわる設計者の仕事である。ここは明確に区分されなければならないし、越権は許されないうえに設計者にとっては自分の仕事を信用されていないかのような印象を与えてしまうだろう。

　益子（1999）は、図書館建築に多くたずさわった建築家の立場から以下のように述べている。

　「図書館員は、図書館のプロではあっても建築については素人のはずであり、どんなに詳しい建築の知識をもっていたとしても、図書館員が図書館建築をすることはできない。仮になんらかのイメージをもっていたとしても、そのイメージは建築家のそれに及ぶべくもなく、また表現の手段も技術ももっていない。いっぽう、設計者は建築の専門家であって、図書館の専門家ではない[1]。」

　図書館長は、建築家と対等に協議できることは必要であるが、建築家のまねごとをしてはいけない。周囲から「表や文章ではわからないので平面図が欲しい」といわれて図書館職員がつくった「図面らしきもの」であっても、いったん人の目にふれると、それが独り歩きをはじめてしまう[2]。

　むしろ大切なことは、図書館員が図面を見た際に実際の建物の外観や内部、その使い勝手について、図書館のプロとしてイメージできることである。そのために、少なくとも2次元の図面から3次元の空間構造を理解できることが必要である。設計者によっては、図面と同時に模型をつくって提示してくれる場合もあるが、内部の細かな部分までつくることはなかなかむずかしい。図面をもとに図書館員が想像力を働かせて、完成する図書館について運用面での予想をしなければならない。

第2節　図学とは

　図学とは，3次元の空間図形を，2次元平面上に平面図形として描くものである。逆に，2次元平面上の図形である図面から，3次元の空間図形を正確に表現することも含まれる。図学は，図面を描く基本となる部分である。図形を正確に把握するには，図形がおかれた3次元空間をイメージできることが不可欠である。

　図学の基本を習得することで，建築に際して設計図面から竣工イメージをもつことができる。実際に建築設計や設計図面が図学の知識のみで描かれていることは少なく，もっと幅広い知識が必要となるのだが，図学としての手続きと流れは理解しておく必要がある。具体的には，簡単な図形について，後述する三面からみた主投影図（正面図・水平面図・右側面図）と斜投影図を相互に描き，これらから3次元の模型を製作できる，あるいは3次元の模型から主投影図や斜投影図を描くといった手続きは知っておきたい。

第3節　主投影図

　対象物を2次元平面上に映し出す操作を投影といい，投影された面を投影面という。原理的には影絵と同じであり，対象物を垂直に投影する方法を正投影という。対象物が図書館の建物である場合には，建物を空間に浮かべ，垂直および水平な面に映し出すようなかたちで観察することになる（図12-1)[3]。投影面に実際の長さが反映されるように立体を配置する。

　物体が単純な形状ではない場合には，さまざまな方向から投影した図面が必要となる。図書館は複雑な空間の構造をもっているため，1面から見た図面だけでは把握することはできない。物体を正確に表現するには，3つの投影面（正面・水平面・側面）から見た図面が最低限必要となる。これら3つの図を主投影図という。図12-2を用いて説明する。

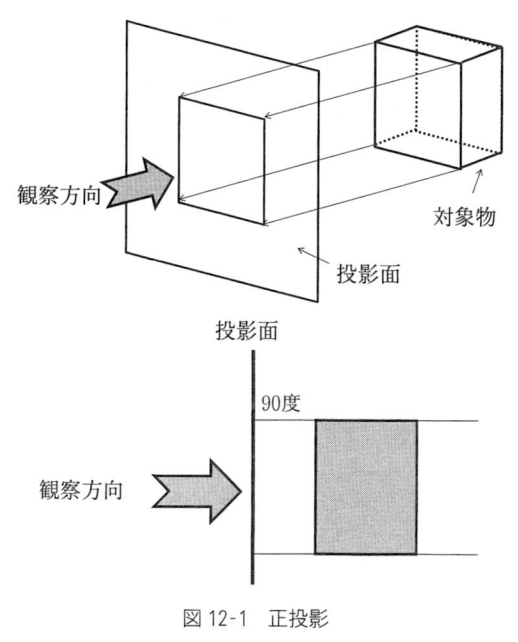

図12-1　正投影

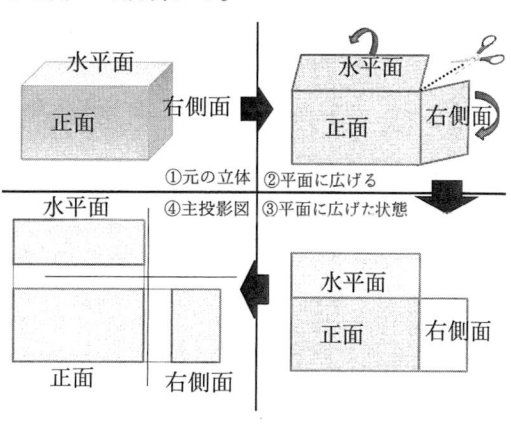

図12-2　主投影図の原理

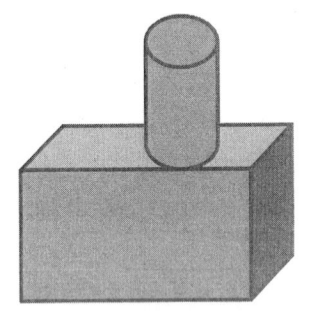

図12-3　直方体＋円柱

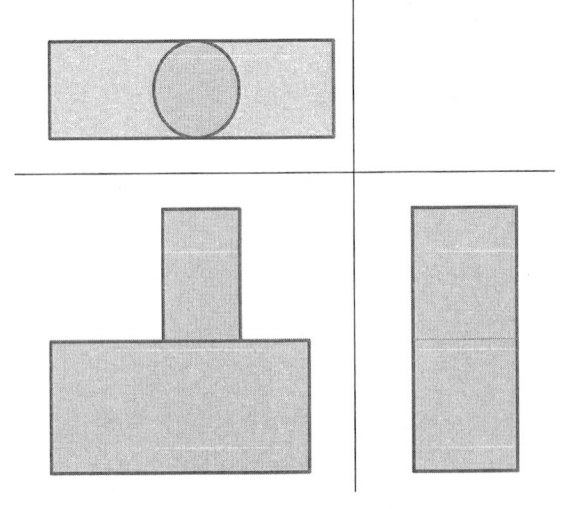

図12-4　図12-3の主投影図

　図12-2の①は箱状の物体である。たとえば，図書館などの，横にやや長い建物を模式化したものである。これを②のように，水平面と右側面の間にハサミを入れて平面に広げるような操作を行うと，③のようになる。正面から水平面と右側面を切り離して整列し，④のような主投影図が完成する。ちょうどこれは，物体をそれぞれ前面・上方・右方から垂直に眺めた場合に見える形にあたる。なお，左側に特徴がある物体の場合には，右側面図に代えて左側面図を用いる場合もある。

　例をあげると，図12-3のような直方体＋円柱のような建物の場合は，図12-4のような三面図となる。円柱の部分は前面・右側面からは長方形に見えることに留意されたい。

第4節　斜投影図

　斜投影とは，正面または水平面の情報を保持したまま立体感を表現する投影方法である。正面図の情報を保持するものをカバリエ投影，水平面（平面図）の情報を保持するものをミリタリ投影という。図12-2において，①で示したものはカバリエ投影である。

a. カバリエ投影

　図12-5の三面図で示した図形を，図12-6のように，水平面と右側面をやや斜めに描くことで奥まった感じを表現する。奥行き方向を示す角度δは奥行長さと関係があり，30度の場合は奥行きを実際の長さの3分の2で，45度の場合は2分の1で描く[4]。

　カバリエ投影による図形は，奥行き方向の長さ・形状は正しくないが，正面図の情報は正確である。立体感をもった図を描くことができるため，建物をはじめ直方体を主とした物体を立体的に表現する際に多用される。

b. ミリタリ投影

　図12-7のように，正面と右側面をやや斜めに描くことで，深さのような感じを表現する。角度δは，カバリエ投影と同じである。カバリエ投影のように一般的ではないが，物体を上から見

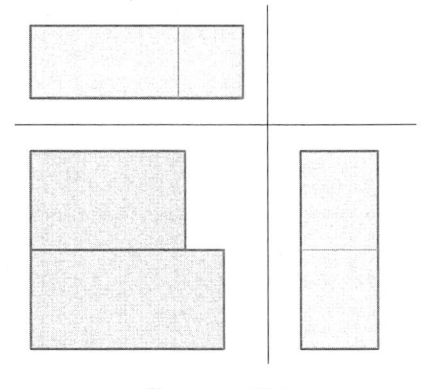

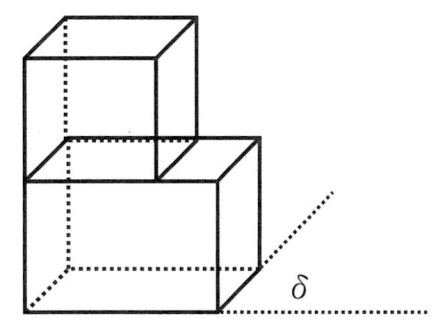

図12-5　三面図　　　　図12-6　図12-5のカバリエ投影図

た場合の正確さが要求される場合に用いられる。

第5節　模型の作成

　以上までで説明した三面図や投影図に基づいて，立体模型を作成する。直方体や円柱といった基本図形に分解し，それらを単独でつくったあとに，三面図に基づいて組み合わせて完成となる。

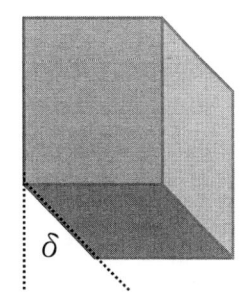

図12-7　ミリタリ投影

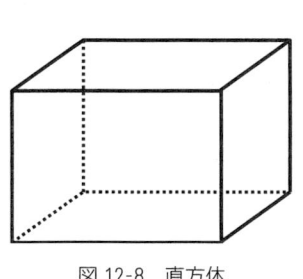

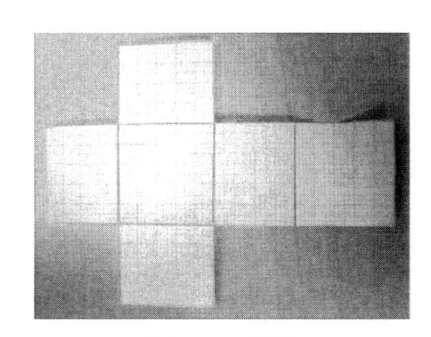

　実際に模型をつくる際には，方眼紙を用いると便利である。例として，

図12-8　直方体　　　　写真12-1　展開図

写真12-2　完成形

図 12-8 に示すような単純な直方体の模型をつくる。このモデルは，図書館（単独館）のように低層階建てで奥行きが大きな建物を模式化したものである。写真 12-1 のように展開図をつくり組み立てる。完成形は，写真 12-2 のようになる。

同様に，円柱形や円すい形もつくることができる。それぞれの模型の形と展開図を図 12-9 と図 12-10 に示す。

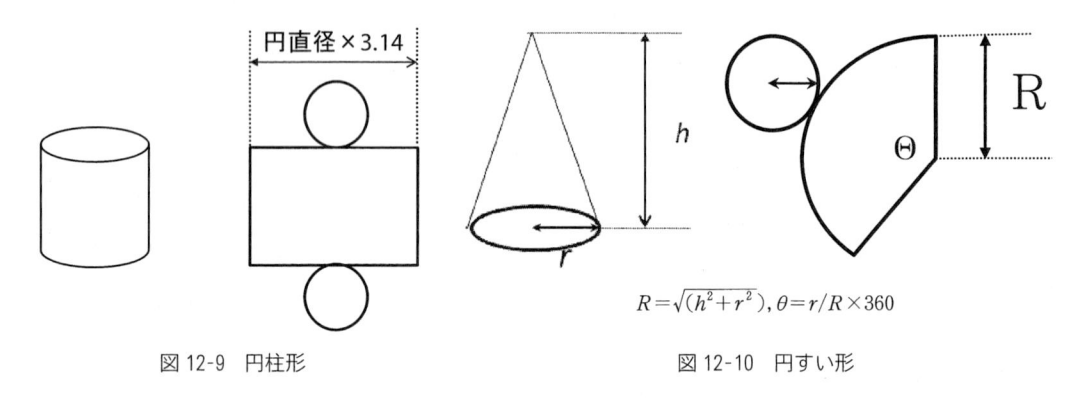

$R=\sqrt{(h^2+r^2)}, \theta=r/R\times 360$

図 12-9　円柱形　　　　　　　　　図 12-10　円すい形

設 問

(1) 次の三面図からなる図形をカバリエ投影図で描け。次に，描いた図形だけを見ながら三面図に戻せ。また，模型を作成せよ。
(2) 図書館建築の実例であげた図書館の図面（あるいはインターネットなどで検索して得たものでもよい）から，三面図を作成せよ。

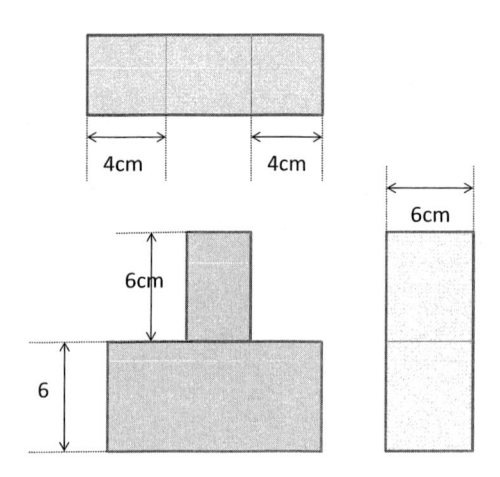

参考文献
1. 益子一彦『図書館/建築/開架/書架』丸善，1999 年
2. 栗原嘉一郎編著『図書館の施設と設備　現代図書館学講座 13』東京書籍，1988 年
3. 伊能教夫［ほか］『例題で学ぶ図学』森北出版，2009 年

注
1) 益子一彦『図書館/建築/開架/書架』丸善，1999 年，pp.22-23。
2) 栗原嘉一郎編著『図書館の施設と設備　現代図書館学講座 13』東京書籍，1988 年，pp.158-159。
3) 物体を第 3 象限において観察するため第三角法という。
4) 実際の長さに対する投影長さの比を μ とすると，δ と μ の関係は通常本文中に示したとおりであるが，δ と μ の関係が異なることもある（たとえば，$\delta=30$ 度，$\mu=0.5$ など）ので，図面上の記載を確認するか，図面上に明示がない場合には設計者に確認を取るようにする。

13 バーチャル図書館の設計と表現

　本章では，前章で学んだ図面と図学の知識をもとに，コンピュータ上で図書館を表現することについて扱う。バーチャル図書館といっても，本物の図書館と同様に，市町村の状況分析・計画・設計・（バーチャルでの）施工という一連のプロセスは重要である。

第1節　バーチャル図書館の設計

　バーチャル図書館を制作するには，つくりはじめる前の設計が重要である。図書館の内部や外部を思いつくままに表現するだけでは，つくっている途中で「ぶれ」が生じてしまい，よい図書館をつくることはむずかしくなる。詳細にわたり決める必要はないが，少なくとも，公共図書館か専門図書館か，あるいは，本館か分館かといった図書館の位置づけ，公立図書館であれば当該市町村の性格などの図書館を取り巻く外部環境などを含めて，想定ではあるものの，はっきりさせる必要がある。これによって，図書館のありさまがよりわかりやすくなる。想定する建設主体は，実在の都道府県や市町村でもよいし，架空のそれであってもよいが，架空の場合は当該建設主体の設定をあらかじめ明確に考えておかなければならない。

　また，図書館の外装や内装だけを表現すればよいというものではない。周辺環境・敷地スペースといった図書館の外側や，図書館外部と図書館内部との整合性というように，図書館全体をつくり上げることが重要であり，これによって制作する図書館の性格がはっきりと見えてくるようになる。

　いっぽうで，本物の図書館であればすべての部分について設計をおこなって，施工のための詳細な図面を描く必要があるが，バーチャル図書館では図書館のすべての部分について制作する必要はない。制作者がとくに推奨したいスペース・空間を中心につくればよい。これによって，制作する図書館の特長をはっきりさせることができる。

a. 図書館外部の状況について

　図書館を取り巻く外部環境としてまずあげられるのは，図書館システム（第2章参照）全体としての位置づけである。公立図書館であれば当該市町村の図書館地域計画，大学図書館であれば大学の中期計画である。第2章で示したように，これらを受けて図書館計画書が作成される。図書館計画書には，館種，サービス目標，蔵書構成，来館利用の想定，運用組織・人員，コンピュータシステムなどが示される。バーチャル図書館をつくるうえでも，図書館計画書を作成することで，つくろうとする図書館の性格づけを明確にすることが可能となる。

b. 図書館そのものの表現について

　バーチャル図書館には，図書館周辺の環境，敷地環境，建物の外装，建物の内部といったもの

が含まれる。周辺の環境は，たとえば市街地なのか住宅地なのか，都心なのか郊外なのか，また周辺の道路状況なども敷地外の要素であり，近隣の環境である。敷地環境は，たとえば敷地スペース，駐車場・駐輪場，樹木・公園などの自然環境など，建物に隣接した要素が含まれる。建物の外装は，たとえば建物へのアプローチ，入口周辺，ブックポスト，壁面などが要素が含まれる。建物内部に関しては，これまで本書の第4～7章において述べてきた各スペースについて考察する。図書館建築の構成要素（スペース，あるいは，空間）でいえば閲覧スペース，児童スペース，カウンターの位置，事務スペース，書庫，トイレの配置，内装でいえば開架書架，閲覧机と椅子，カウンター，内部の環境でいえば照明，空調，音などである。

　忘れがちなのが，柱の処理や防災計画である。本物の図書館であれば屋根や上階の荷重負荷によって，柱が各所に入ることになるが，バーチャル図書館であるので柱をつくる必要はない。とはいえ，正確な柱の大きさや位置は決定できないにしても，柱を考慮したバーチャル図書館はよりリアルさが増すであろう。また，防災計画（第9章）によれば，1室の面積は制約を受ける。3000m²以上の空間が仕切りなく丸々1室ということは現実的にあり得ない。バーチャル図書館を設計するうえでも，柱や空間の広さの上限を考慮に入れたい。

第2節　ソフトの選択

　バーチャル図書館を表現するには，いくつかの方法がある。各階の図面のみで表現する方法，CG（Computer Graphics）を用いる方法，3Dソフトウェアを用いる方法などが考えられる。各階の構成については図面を描いて全体を示し，外観と内装の一部についてはCGソフトや3Dソフトで描いてイメージをもたせるとわかりやすい。

　図面を描くには，Draw系のソフトウェアを用いることが一般的である。Word・一太郎やPowerPointといったオフィス系のソフトウェアでも描くことは可能であるが，図面作成に適したものはやはりDraw系である。代表的なものに，Adobe社のIllustrator，Microsoft社のVisioがある。

　CGソフトウェアや3Dソフトウェアは，市販製品は高価なものが多いが，フリーソフトで良いものもある。Pov-Rayは高度なレンダリング機

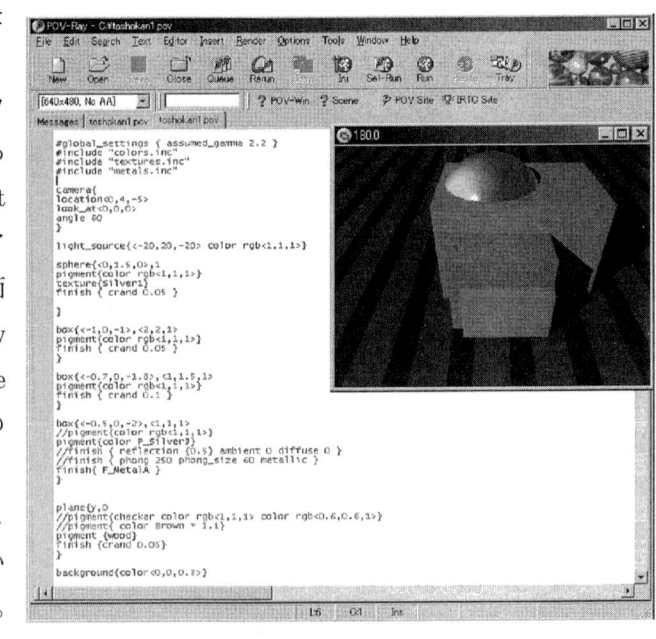

図13-1　Pov-Rayの画面

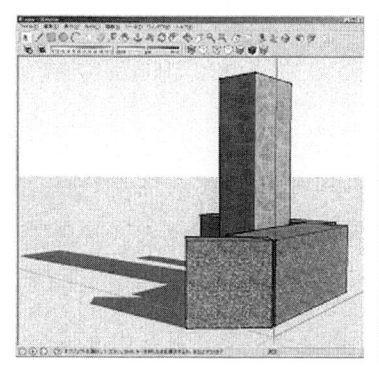

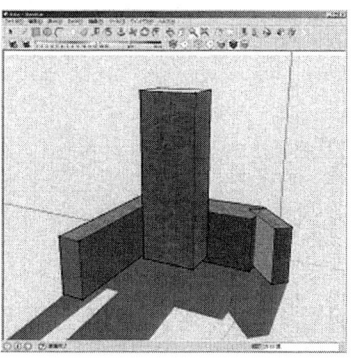

図 13-2　Google SketchUp の実行画面　　　　写真 13-1　図 13-2 の元となる建物

能を備えた CG ソフトウェアであり，Windows 版と Mac 版が提供されている．本体は英語版であるが，メニュー等を日本語化する修正プログラム（パッチ）が無料で配布されている．図 13-1 は，Pov-Ray の実行画面例である．プログラムを作成しすぐに実行することができ，実行結果は別ウィンドウに表示される．Google SketchUp は 3D モデルを作成するソフトウェアであり，Windows 版と Mac 版が提供されている．無料版と有料版（SketchUp Pro）があるが，無料版でも十分な機能がある．図 13-2 は，写真 13-1 の建物をモデルとして作成した Google SketchUp の実行画面例である．自分で 3D モデルを作成するほかにも，Google 3D ギャラリーにはユーザーからさまざまな作品が投稿されていて，作品のダウンロードもできる．これら作品には，有名な図書館を SketcuUp でモデル化したものも多く含まれている．Pov-Ray と Google SketchUp は使い方を解説した Web ページがあるほか，詳説した書籍がいくつか出版されているので，コンピュータに慣れ親しんだ人であれば使うことはむずかしくないであろう．

第3節　バーチャル図書館の実例

バーチャル図書館の実例をいくつか示す．

まず簡単な例であるが，図 13-3 は Google SketchUp で作成したものである．左側が正面であり，3 階建て部分が閲覧スペースと事務部門，4 階部分が倉庫，右側面部分は吹き抜け空間という想定である．屋上部は Google SketchUp で用意されているスタイルを用い，側面部は Google Map から写真を取り込んでいる．

図 13-4 は Pov-Ray で作成したものである．2 階建てで，1 階の入口まわりを大きくとり展示スペースやカウンターを設置し，その奥には半球状の広い空間があり閲覧スペースやや事務部門といった図書館の主要スペースを想定している．

図 13-5～8 は Google SketchUp で外形を表現し，Adobe Illustrator で内部の図面を描いたものである．図 13-5 は周辺環境を示した図面であり，図 13-6, 7 は図 13-5 で示した図書館と会議室棟を Google SketchUp で表現したものである．図 13-6 は南側から，図 13-7 は西側から

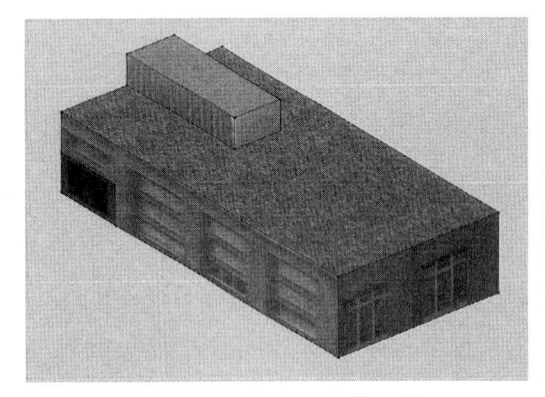

図 13-3　バーチャル図書館の実例
（Google SketchUp で作成）

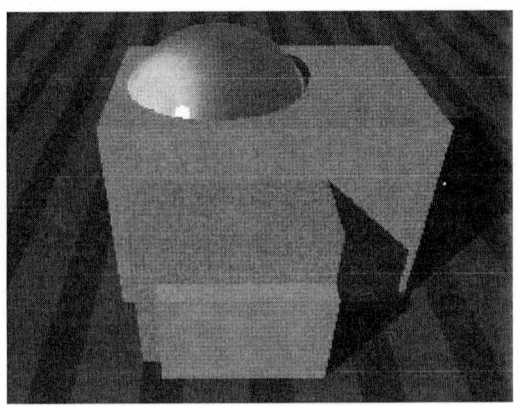

図 13-4　バーチャル図書館の実例
（Google SketchUp で作成）

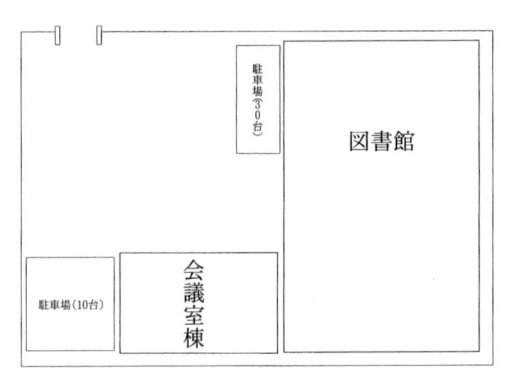

図 13-5　周辺環境

図 13-6　Google SketchUp による表現

図 13-7　図 13-6 を違う角度から

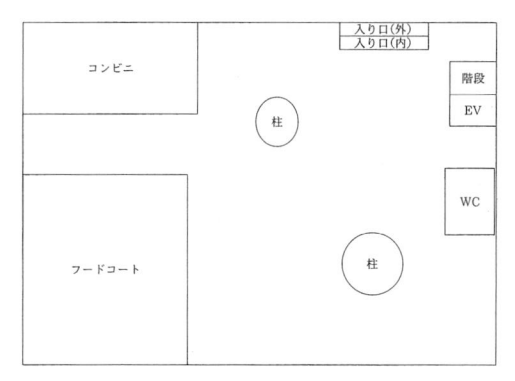

図 13-8　会議室棟

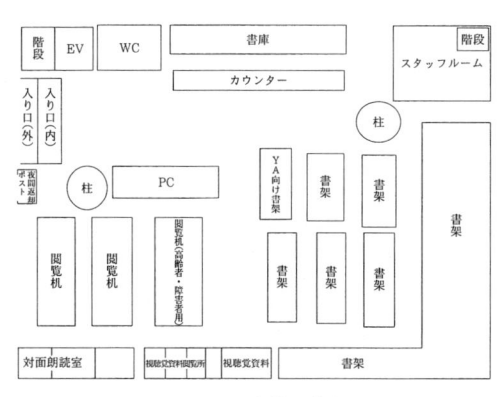

図 13-9　図書館 1 階部分

（カバー写真）の 3D モデルである．図 13-8 は会議室棟の 1 階の図面であり，図 13-6，7 と照らし合わせるとわかるように，隅の部分にコンビニがあることがわかる．図 13-9 は，図書館 1 階の平面図である．左側が入口であり，手前側に書架が並んでいる．実際の学生による作品を縮小したもので見にくい部分はあると思うが，雰囲気は感じてもらえると思う．

設 問

(1) 本章で示したでソフトウェア以外にバーチャル図書館を作成することができるソフトウェアを探してみよ（インターネット上には多く存在するはず）．
(2) 設計条件を決め，実際にバーチャル図書館を作成せよ（次章で述べる評価条件についても考慮することが必要であろう）．

参考資料
1. Pov-Ray　http://www.povray.org/（'11.12.5 現在参照可）
2. Google SketchUp　http://sketchup.google.com/（'11.12.5 現在参照可）

14　バーチャル図書館の評価

　この章では，前章で作成したバーチャル図書館を評価する方法について扱う。前章で述べたようにバーチャル図書館といっても，市町村の状況分析・計画・設計・（バーチャルでの）施工，という一連のプロセスは重要であるとともに，よい図書館をつくるための評価方法という点からも，バーチャル図書館を評価することは重要である。

第1節　バーチャル図書館の評価

　前章で制作したバーチャル図書館について，評価・共有する手段には，第3章で述べた設計者を選ぶ手段を応用することが考えられる。バーチャル図書館においても使用できるものとしては，設計競技，プロポーザル方式，といったものがある。

　また，一律の設計条件のもとに，必須となる設計項目と，余裕があればおこなうオプションの設計項目とに分けて，総合評価落札方式をおこなうことも考えられる。総合評価落札方式とは，価格のみで評価される設計入札とは異なり，「新しい技術やノウハウといった価格以外の要素を含め総合的に評価する」方式[1]である。バーチャル図書館を評価する場合には，入札金額は考慮できないが，評価の観点と出来具合を統一できるという点で参考にできるものである。

　バーチャル図書館の評価をおこなうにあたって準備するものは，作成した図書館計画書，バーチャル図書館そのもの，この2つが必須となる。あわせて，前章第1節で述べた図書館の位置づけや図書館を取り巻く外部環境，想定する建設主体の都道府県または市町村や大学（架空の場合は，人口規模，人口分布，都市部・郊外・地方，大学の学部構成・学生数や性格等の設定）なども評価のうえでは必要である。

第2節　コンペ形式による発表

　コンペについては第3章で詳述したが，発注者が明確な設計条件を示し，設計者が設計案をもって応募し，設計案が評価の対象となる。本章におけるバーチャル図書館では，明確な設計条件を示す者は，実際の発注者ではないが，制作する前に図書館を取り巻く外部環境や図書館計画書を作成していることであろう。これらが設計条件にあたる。そして設計案にあたるものが，バーチャル図書館そのものである。

　制作したバーチャル図書館の内容と，位置づけ・外部環境や建設主体とがマッチしているか否かは重要な評価の基準である。また，制作したバーチャル図書館について，敷地環境，図書館建築の構成要素ごとの説明，各部のスペースの内容，想定しているサービスなどを示したプレゼン

テーション資料も作成する。加えて，コンペであるので，評価してもらいたい点，図書館の新たな機能やサービスとして提案する点，苦労した点など，とくに売り込みたい点もプレゼンテーション資料に加えるべきである。

コンペ評価の観点として，武蔵野市複合施設の例をあげる。そこには，以下のように示されている。

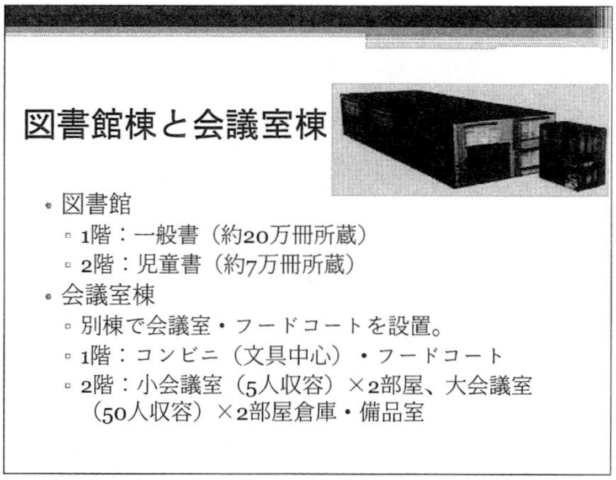

第1次提案
 a. 本施設が知的創造拠点としての機能を十分に発揮できるための提案
 b. 複数の機能が集まる利点を活かすための提案
 c. 周辺環境や立地条件を活かすための提案
 d. その他の提案

第2次提案
 a. 周辺環境を含む空間のイメージの提案
 b.「知的創造拠点」としての利用想定，空間構成，活動内容についての提案
 c. 今後の計画を進めるにあたって，市民意見聴取の図り方（市民参画の手法）およびそれを計画に反映する仕組みなども含めた取組み手法に関する提案
 d. その他，今回の施設でとくに強調したい提案

図14-1　プレゼンテーションの一部

武蔵野市の例からは，周辺環境，立地条件，空間構成，複合施設としての役割，知的創造拠点としての図書館のあり方などが判断基準となっていることがわかる。バーチャル図書館の場合についても同様に，周辺環境，立地条件，図書館内外の空間構成，各部の構成，想定しているサービスなどが評価基準となる。これらをふまえて，バーチャル図書館コンペに参加する参加者同士が選考委員会となり，自分たちなりの評価基準を作成するとよい。

第3節　バーチャル図書館と総合評価落札方式

バーチャル図書館の場合，入札価格を考慮することは困難であるが，評価方法という点では，第3章で述べた総合評価の手法は有効である。あらかじめ最低限の要求条件となる項目を決定し，各人の創意工夫による部分を加点項目とする。最低限の要求条件としては，現地条件，見込み蔵書数，貸出冊数などが考えられる。加点項目としては，現地条件（周辺環境）への配慮，立地条件を生かすための提案，工程数，蔵書数規模と書架配置，空間構成など有効な階構成の提案，各スペースの構成に関する目新しい提案，喫茶スペースなど付属設備の提案，サービスを円滑に進

めるための提案，新しい利用者サービスに対する提案，コンピュータを活用した新しい業務改善への提案などが考えられる。このような評価項目を定めたものが表 14-1 である。

基礎点にあげた項目は必須項目である[2]。加点項目は，満点・零点の 2 つではなく段階があってもよく，たとえば 3 段階（大変優れている・優れている・やや優れている→10 点・5 点・2 点）などが考えられる。加点項目に該当する点がバーチャル図書館で作成されていない場合には，その項目は 0 点（加点なし）となる。

前節で述べたように，バーチャル図書館の場合についても同様に，周辺環境，立地条件，図書館内外の空間構成，各部の構成，想定しているサービスなどが評価基準となる。コンペの評価基

表 14-1 評価項目の例

作成方針	基礎点	加点
敷地条件を明確にすること	20	
敷地条件を生かした有効な建築提案がなされていること		10
周辺の交通事情に配慮した建築提案がなされていること		10
想定される蔵書数規模を満たすものであること	10	
蔵書数が増加した際の対応が容易であること		5
想定される蔵書数に見合う書架配置が提案されていること	10	
書架配置に柔軟性があること		5
カウンター配置に柔軟性があること		5

表 14-2 評価基準シートの例

評価項目	基礎点	加点		
		大変優れている	優れている	やや優れている
敷地条件を明確にすること	20			
敷地条件を生かした有効な建築提案がなされていること		10	5	2
周辺の交通事情に配慮した建築提案がなされていること		10	7	5
想定される蔵書数規模を満たすものであること	10			
蔵書数が増加した際の対応が容易であること		5	3	1
想定される蔵書数に見合う書架配置が提案されていること	10			
書架配置に柔軟性があること		5	3	1
カウンター配置に柔軟性があること		5	2	1

準や，参加者からのアイデアを集約して，自分たちなりの評価基準や加点項目の内容・加点基準を作成するとよい。

　バーチャル図書館を作成する前に，こうした項目を参加者同士で話し合って作成し決めておくことで，一律の条件のもとでの制作ができるとともに，評価水準を一定に保つことができる。

設問

(1) 建築する際に総合評価入札方式を実施した図書館を探せ。もし可能ならば，評価基準を入手して実際に評価をおこなってみよ。
(2) バーチャル図書館の評価基準を作成し，総合評価落札方式による評価を実施せよ。

参考資料
1. 武蔵野市武蔵境新公共施設設計プロポーザル　http://www.city.musashino.lg.jp/section/01010kikaku/committees/kokyou/propouzaru-news.html（'11.12.5 現在参照可）
2. 国土交通省国土技術政策総合研究所『技術とノウハウを活かした公共工事を目指して―総合評価落札方式パンフレット―』平成 16 年 2 月
3. 国土交通省国土技術政策総合研究所『公共工事における総合評価落札方式の手引き・事例集（改訂第 2 集案）』平成 15 年 7 月

注
1) 国土交通省国土技術政策総合研究所『技術とノウハウを活かした公共工事を目指して―総合評価落札方式パンフレット―』p.3。
2) 実際の入札においては必須の要求条件を満たさない提案をした者は，落札決定の対象から除かれることになる。

15 展望

　本章では、これからの図書館施設を取り巻く情勢と展望についてトピック的に扱う。具体的なテーマは、施設の維持と更新、RFID、民間との協業（PFI、指定管理者制度）である。

第1節　施設の維持と更新

　図書館サービスは成長し変化する。資料の増加と多様化・新しいメディアの導入、レファレンスサービスやビジネス支援といった新しいサービスの拡充、学校や病院などへの団体貸出、人口増加やライフスタイルの変化による図書館利用の拡大といった理由により図書館施設の更新が必要となる。また、図書館の耐用年数は、平均して40年程度[1]といわれている。物理的には使うことができても、たとえば狭隘化などによって図書館としての機能が果たせなくなる場合がある。また、近年では、図書館としての機能に支障はないものの、新しい耐震基準が設定されたことにより、建替えが必要になる場合も発生している。

　図書館サービスは成長・発展を続けるが、施設や設備は完成時から徐々に劣化を続ける[2]。サービスがプラスへ向かうのに対し、施設はマイナスの方向へ向かう。減退する側を食い止め、その進行を遅くすることが、施設の維持と更新の基本的考え方である。

　施設・設備の機能・性能は完成直後に初期故障があり、その期間を過ぎると安定する。その後、機能・性能は徐々に低下を続け、所定の限界を過ぎると急激に劣化する[3]。図15-1は、その様子を図式化したものである。劣化の速度は、年を追うごとに急速に速くなる。急速に速くなる時期をとらえて、劣化箇所に対して大規模な修繕を行うことで、劣化速度を緩和することができる。一般的には建物を完成当時の状態に戻すことはむずかしいが、修繕工事の方法・程度によっては、点線のように元の設備よりも整った（強化した）ものにできることもある[4]。施設・設備の劣化を長持ちさせ、図書館サービスの維持のためには、何かあってからの修繕ではなく、計画的な予防保守が重要である。

　施設・設備の維持はその特徴から、建物そのもの、電気・水道・衛生・空調などの館内設備、書架・机・カウンター等の内装などに区分して計画を立案する。点検、軽い修繕・部品の取り換えを日常の図書館活動として組み込むことである。

　建物に対する大規模の修繕になる場合には、新規の建築と同じプロセスを踏むことになる。

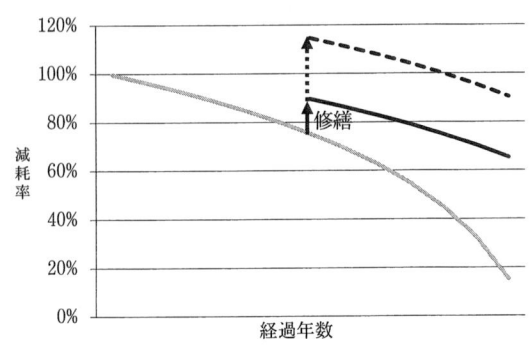

図15-1　経過年数と減耗率

できれば，元の建築の際と同じ設計者が望ましいが，時間的・地域的にむずかしい場合も多い。異なる設計者となることに備えて，少なくとも図書館計画書と図面一式は保存しておきたい。大規模の修繕に入った際に，図書館のサービスをどの程度継続しておこなえるかを考慮しなければならない。やむを得ず完全に閉館することがあるかもしれないし，仮の建物で開館する場合や，貸出・返却のみ実施する場合など，さまざまなケースが考えられる。地域の実態や利用者の要望などを考慮して，最もよいかたちを決定したい。

第2節　RFIDの導入

RFID（Radio Frequency Identification）とは，ICチップを用いて非接触で物体を認識する技術のことである。カード状のものをICカード，粘着テープなどで他の物体と一体になって動作するものをRFIDタグという。写真15-1はRFIDタグの例である。写真からわかるように薄いシート状になっており，書籍の内部にそのまま張りつけることができる。RFIDは，CPUとメモリをもった小型のコンピュータであり，メモリ内に情報を記憶するとともに，資料に装着した後，情報を追記したり消去したり，読み取り装置に対してアクセス制御をかけることができる。RFIDは，読み取り側から電磁波によって起動するタイプであれば，本体側（ほかの物体と一体となる側）に電池を組み込む必要がない。都市の規模や館の規模，館種を問わず導入事例も増えてきている。

図書館がRFIDを導入する狙いは，省力化とサービス向上である。これまで図書館では，貸出・返却手続きにバーコードを，資料の確認に磁気テープを用いてきた。RFIDでは，これらを上回る利点がある。バーコードのように印刷面を見せることなく，読み取り対象との間にある程度距離があっても読み取ることができるし，同時に複数のRFIDタグをまとめて読み取ることもできる。資料に内蔵できるため，汚損のおそれが小さい。記憶できる情報量もバーコードやタトルテープに比べて格段に大きい。ICタグを用いた場合，たとえば，書籍10冊を手動で貸出すときに要する時間は，利用券の読み込みからレシート出力まで15〜18秒程度，自動貸出機なら10秒以下である。さらに貸出手続きと同時にBDSゲートのための情報を操作することができるため（タトルテープであれば書籍を操作して磁気を抜く時間がさらに必要となる），かなりの時間短縮となる[5]。また，書棚に向けてハンディスキャナをかざすだけで，配架状態のままで在架情報を数十冊単位で一気に確認することができ，蔵書管理も容易となる。

以上の導入のメリットを，利用者側と図書館側とのそれぞれの視点から細分化してみる[6]。利用者にとってはサービスの向上として，貸出・返却作業の迅速化，自動貸出機の利用による利便性向上，貸出手続き確認の正確化による信頼性向上があげられる。

写真15-1　RFIDタグの例

図書館側にとっては業務効率の向上として、貸出・返却業務の合理化・迅速化・省力化、蔵書点検・書架整理作業の迅速化・合理化・多機能化があげられる。

気になるのはコストであるが、RFIDの価格は、現在のところRFIDタグで1枚あたり40円、ICカードなら1000円程度であり、バーコードと比べて数十倍になる。

RFIDは記憶できる情報が格段に大きく、また外部から読み取ることができるため、その利用についてさまざまな懸念事項が提起されている。日本図書館協会の『図書館におけるRFID導入のためのガイドライン』では、①書誌情報については暗号化や読み取り距離の制限など適切な保護手段を取る、②当該資料を保持することに関するプライバシー（コンテンツ・プライバシー）やタグの携帯者の行動に関するプライバシー（ロケーション・プライバシー）を秘匿する、③運用上は利用者からの懸念に応えるようRFIDの使用に関する周知をおこなう3点が述べられている（巻末資料6参照）。

第3節　PFIについて

PFI（Private Finance Initiative）とは、公共施設などの建設・整備・運営の際に民間の資金や能力を活用しておこなう方法である。英国など海外では、PFI方式による公共サービスの提供がすでに実施されており、病院や学校など公共施設等の整備・再開発などの分野で成果を出している。従来の公共事業では、「業務ごとに発注」「単年度契約」「仕様発注」であったが、PFI事業では「一括発注」「長期契約」「性能発注」「民間資金・能力の活用」といった特徴がある（図15-2）。つまり、事業やサービスの設計・施工・維持管理・運営を一体として発注するものである。PFIの推進により期待される効果としては、①事業コスト削減によって低廉であってかつ良質な公共サービスが提供されること、②民間事業者の自主性や創意工夫を尊重することによって公共

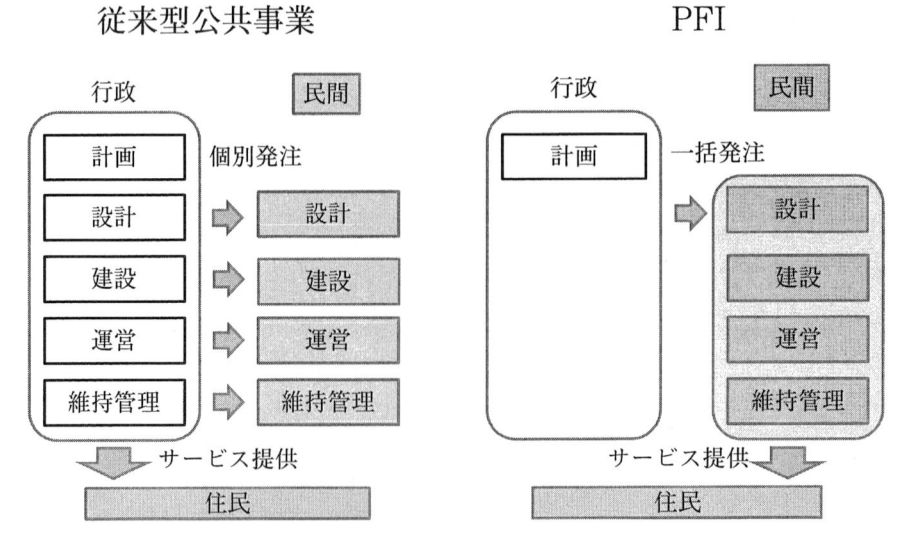

図15-2　PFIのしくみ

サービスを提供する際の行政のかかわり方が改革されること，③民間の事業機会を創出することを通じて経済の活性化に資することなどがある。

　日本では，「民間資金等の活用による公共施設等の整備等の促進に関する法律」が1999（平成11）年に施行された。内閣府が収集した情報[7]では，2010（平成22）年6月末現在で366件の事業が実施されている。図書館などの教育と文化にかかわる分野では，116件が実施中であり，そのうち86件がサービス提供中である。図書館関連では，東京都稲城市，同府中市，埼玉県富士見市，三重県桑名市，長崎県長崎市などの事例があり，これ以外にも他施設内の図書館・図書室といった複合館の事例もある。小川（2010）は，運営業務総括責任者として長崎市立図書館でのPFI受託後から開館準備ならびに開館後の運営についての事例を紹介している。

　PFI事業契約については，運用や解釈等をめぐっていくつかの問題点が顕在化している。たとえば，事業の前提となる事業環境が変化しても契約に定められた条件の変更が容易でない，モニタリングと支払メカニズムが適切に機能しない，当事者間での紛争解決が円滑に進まないという事態も一部に生じている。内閣府では「PFI事業契約に際しての諸問題に関する基本的考え方」を作成し，これらの問題に対するガイドラインを示し，トラブル解決への指針を示している。

第4節　指定管理者制度

　地方公共団体が公共施設の管理運営を法人やその他の団体（株式会社やNPO法人など）に包括的に行わせることができる制度であり，地方自治法244条の2に規定がある。単なる業務委託とはちがって，その施設の業務全般について一括して委託することが特徴である。地方財政の悪化，公務員の削減という社会の大きな流れのなかで，図書館だけをその例外として認めさせることはなかなかむずかしい。管理運営に民間の手法を導入することによって，コスト削減とサービス向上による利用者の利便性の向上が見込まれている。

　指定管理者制度を導入するには，条例を制定し，条例によって指定管理者の指定の手続や指定管理者がおこなう管理の基準および業務の範囲その他必要な事項を定め（同法244条の4），議会の議決を経ることが必要である。指定管理者は毎年度末に事業報告を提出することが義務づけられている。また，地方公共団体は，施設の運営状況について指定管理者に報告を求めたり，実地調査や必要な指示をすることができる。なお，指定管理者は期間を定めて指定すること（同法第244条の5）となっている。

　2009（平成21）年5月に，国会において全会一致で可決・制定された公共サービス基本法では，行政と民間との役割分担と責任の所在の明確化（第8条），労働条件や労働環境の整備（第10条）が盛り込まれている（巻末資料7参照）。

　「平成20年度社会教育調査」によると，日本全国で203館が指定管理者制度によって運営されている。指定管理者の内訳は，公益法人51館，民間会社107館，NPO法人29館，その他16館となっている。全館を一括して1つの指定管理者に委託した例（東京都千代田区）や，域内す

べての図書館を指定管理者制度とするものの，中央図書館だけは図書館行政の企画立案機能をもつことから除外した例（福岡県北九州市），試験的に1館のみを指定管理者制度とした例（神奈川県横浜市）など，形態はさまざまである。また，NPOが指定管理者となった例（山梨県山中湖情報創造館）もある。

第5節　民間との協業について

　民間との協業については，ここで述べたPFI・指定管理者制度のほかにも業務委託という方法もあり，それぞれの館によって最適な手法を選択するようにしたい。内閣府によれば[8]，PFIは公共施設等の建設・整備・運営の際に民間の資金や能力を活用しておこなう方法であり，指定管理者制度は地方公共団体の保有する「公の施設」の管理事務を広く民間事業者などへ開放するもの，業務委託は業務ごとに民間などへ発注するものというちがいがある。

　PFIおよび指定管理者制度の導入にあたっては，価格のみを重視した単なる競争入札ではなく，事業計画書などによる設計競技（コンペ）やプロポーザル方式（第3章参照）により，信頼できる運営者を選ぶことが重要である。行政部局と運営者との信頼関係によって，よい図書館が生まれる。また，指定管理者を選定したあとにおいても，その図書館で働く職員の労働条件の整備がきちんとなされているかについても，あらゆる角度から目を配りたい。第1章でも述べたが，図書館施設と図書館員と利用者の不断の努力と協業によって，よい図書館は構成される。

設問

(1)　図書館施設の修繕の手順について具体的にまとめよ。
(2)　PFIと指定管理者制度を活用した図書館の実例について調べて，その状況についてまとめよ。

参考文献

1. 栗原嘉一郎編著『図書館の施設と設備　現代図書館学講座13』　東京書籍，1988年
2. 植松貞夫［ほか］『よい図書館施設をつくる　JLA図書館実践シリーズ13』日本図書館協会，2010年
3. 小川俊彦『図書館を計画する』勁草書房，2010年
4. 植松貞夫「総論：図書館の成長・変化に対応した施設改善―使い続けられる図書館のために―」情報の科学と技術55巻11号，2005年，pp.468-473
5. 小笠原美喜「図書館へのRFID技術の導入をめぐって」『カレントアウェアネス』No.286，2005年，pp.8-10
6. 高橋正名「非接触型無線ICタグ（RFID）の導入効果とこれからの課題について」『現代の図書館』Vol.42，No.1，2004年，pp.39-44
7. 北克一［ほか］「ネットワーク環境下のセキュリティ，プライバシー，図書館サービス―無線IC（RFID）タグの論理形式を中心に―」『図書館界』Vol.57，No.2，2005年
8. 「図書館おけるRFID導入のためのガイドライン』2010年　http://www.jla.or.jp/RFIDguideline.pdf（'11.12.5現在参照可）
9. 内閣府民間資金等活用事業推進室「PFIの現状について」2010年9月　http://www8.cao.go.jp/pfi/pdf/220630pfidata.pdf（'11.12.5現在参照可）

10. 内閣府民間資金等活用事業推進室「PFI事業契約に際しての諸問題に関する基本的考え方」2009年4月 http://www8.cao.go.jp/pfi/contract.pdf（'11.12.5現在参照可）
11. 文部科学省「平成20年度社会教育調査」
12. 内閣府公共サービス改革（市場化テスト）FAQ http://www5.cao.go.jp/koukyo/faq/faq.html（'11.12.5現在参照可）

注
1) 植松貞夫「総論：図書館の成長・変化に対応した施設改善―使い続けられる図書館のために―」『情報の科学と技術』55巻11号，2005年，pp.468-473。
2) 栗原嘉一郎編著『図書館の施設と設備 現代図書館学講座13』 東京書籍，1988年，p.201。
3) 前掲2），p.201。
4) 建築当時からの技術革新による新しい工法の導入，耐震工事などによる建物そのものの強化などの理由による。
5) 富里市立図書館における事例である。高橋正名「非接触型無線ICタグ（RFID）の導入効果とこれからの課題について」『現代の図書館』Vol.42, No.1, 2004年，pp.39-44。
6) 北克一他著「ネットワーク環境下のセキュリティ，プライバシー，図書館サービス―無線IC（RFID）タグの論理形式を中心に―」『図書館界』Vol.57, No.2, 2005年。
7) 内閣府民間資金等活用事業推進室「PFIの現状について」。
8) 「内閣府公共サービス改革（市場化テスト）FAQ」に詳しい。

巻末資料

資料1 日野市立図書館基本計画の構成

日野市教育委員会，2008年

はじめに

1. 日野市立図書館活動のスタートと今

2. 「計画」策定の目的と位置づけ
   - 目的／これまでの図書館事業を振り返り、市民の意見を取り入れて、図書館のあり方を示すこと、取り組むべきことを具体的に示すこと
   - 位置づけ／日野いいプラン２０１０、第３次行革大綱を受けて

3. 策定の前提条件
   - 「図書館法」、「文字・活字文化振興法」等を踏まえて

4. 「計画」のまとめかたと構成　（市民の関わり）

第1章　日野市立図書館の現状

1. 市民アンケート分析等から見た利用者
   - （１）求められるサービスの多様性
   - （２）利用者の図書館利用事情
   - （３）利用者が求める資料・情報の質の違い
   - （４）利用頻度の違い
   - （５）図書館に求める新たなニーズ

2. 図書館を取り巻く時代変化のキーワード
   - （１）地域社会の中の図書館
   - （２）個を育む図書館
   - （３）公共サービスとしての図書館
   - （４）情報化社会における図書館

3. 現場から見た課題
   - （１）図書館の諸施設や図書館システムに関わる課題
   - （２）機能・サービス面での課題
   - （３）図書館運営に関わる課題

4. 今、日野市立図書館の置かれた状況

第2章　基本理念・方針

1. 基本理念
   『くらしの中に図書館を
   - 市民に役立ち、共に歩む図書館 - 』

2. 日野市立図書館の任務
   - すべての市民へのサービス
   - 市民の生活、余暇、調査のための資料・情報の収集、提供
   - 日野市の歴史を未来に伝える

3. 基本方針
   - （１）資料選択・収集及び資料提供を核とする図書館の基本業務
   - （２）図書館サービスの利用者拡大の取り組み
   - （３）新しい要求に応える
   - （４）図書館サービスを支える図書館ネットワークの再構築
   - （５）市民と歩む図書館運営

日野市立図書館基本計画の構成

第3章 重点的な取り組み	第4章 基本計画
1．新たなサービス展開の拠点として新中央図書館の建設構想を進める ・中核施設として建設／優れた空間づくり	1）サービス計画 1．基本方針 2．市内全域へのサービス 3．図書館利用の機会の提供 4．課題解決を援助するサービス 5．すべての市民へのサービス ・乳幼児／児童／青少年／成人／高齢者／図書館利用に障害のある人々／多文化サービス 6．これらのサービスを支える、多様な資料の充実 ・図書・雑誌／視聴覚資料／電子資料／資料保存 7．資料・情報の提供サービスの充実 ・貸出／リクエスト／レファレンス／図書館ホームページ 8．地域資料・行政資料の充実 ・地域資料の収集と情報発信／市政図書室の行政情報資料／公文書館機能 9．関連機関との連携 ・学校・学校図書館・公共施設／民間・コミュニティ団体／広域連携／大学
2．既存施設の改修を進める ・各館改修／保管・収蔵確保／居場所づくり	
3．移動図書館ひまわり号の活用 ・車両の更新 ・ひまわり号の役割の拡大	
4．図書館サービス網の拡大・整備 ・ミニ図書館構想　／・公共施設との連携 ・学校の地域開放	
5．すべての利用者への基本的なサービスの一層の向上 ・子ども／高齢者／社会に出る準備をする人々	
6．潜在的な利用者ニーズを満たすサービス充実 ・来館が困難な市民 ・図書館からの情報の発信 ・課題解決を必要とする市民への支援	
7．市政図書室の行政情報提供の充実 ・行政情報の収集（納本制度） ・市民の著作や地域で作成された資料の収集 ・公文書館機能	2）施設計画 　1．基本方針 　2．施設別 ・新中央館／分館／移動図書館
8．関係機関との連携・協力の強化 ・地域コミュニティの団体との連携 ・他公共図書館との連携 ・大学や研究機関との連携	
9．課題の発見・解決に取り組み、市民と共に歩む図書館運営組織づくり ・市民の図書館／活動評価の仕組み／人材の育成	3）運営計画 　1．基本方針 　2．図書館の運営体制 ・組織運営／運営開示とPR 　3．図書館を支える仕組みづくり ・市民参加／評価の仕組みづくり

資料2　建築基準法（抄）

（昭和25年5月24日法律第201号）
最終改正：平成23年8月30日法律第105号

第1章　総則

（目的）
第1条　この法律は，建築物の敷地，構造，設備及び用途に関する最低の基準を定めて，国民の生命，健康及び財産の保護を図り，もつて公共の福祉の増進に資することを目的とする。

（用語の定義）
第2条　この法律において次の各号に掲げる用語の意義は，それぞれ当該各号に定めるところによる。
一　建築物　土地に定着する工作物のうち，屋根及び柱若しくは壁を有するもの（これに類する構造のものを含む。），これに附属する門若しくは塀，観覧のための工作物又は地下若しくは高架の工作物内に設ける事務所，店舗，興行場，倉庫その他これらに類する施設（鉄道及び軌道の線路敷地内の運転保安に関する施設並びに跨線橋，プラットホームの上家，貯蔵槽その他これらに類する施設を除く。）をいい，建築設備を含むものとする。
二　特殊建築物　学校（専修学校及び各種学校を含む。以下同様とする。），体育館，病院，劇場，観覧場，集会場，展示場，百貨店，市場，ダンスホール，遊技場，公衆浴場，旅館，共同住宅，寄宿舎，下宿，工場，倉庫，自動車車庫，危険物の貯蔵場，と畜場，火葬場，汚物処理場その他これらに類する用途に供する建築物をいう。
三　建築設備　建築物に設ける電気，ガス，給水，排水，換気，暖房，冷房，消火，排煙若しくは汚物処理の設備又は煙突，昇降機若しくは避雷針をいう。
四　居室　居住，執務，作業，集会，娯楽その他これらに類する目的のために継続的に使用する室をいう。
五　主要構造部　壁，柱，床，はり，屋根又は階段をいい，建築物の構造上重要でない間仕切壁，間柱，付け柱，揚げ床，最下階の床，廻り舞台の床，小ばり，ひさし，局部的な小階段，屋外階段その他これらに類する建築物の部分を除くものとする。
六　延焼のおそれのある部分　隣地境界線，道路中心線又は同一敷地内の2以上の建築物（延べ面積の合計が500平方メートル以内の建築物は，1の建築物とみなす。）相互の外壁間の中心線から，1階にあつては3メートル以下，2階以上にあつては5メートル以下の距離にある建築物の部分をいう。ただし，防火上有効な公園，広場，川等の空地若しくは水面又は耐火構造の壁その他これらに類するものに面する部分を除く。
七　耐火構造　壁，柱，床その他の建築物の部分の構造のうち，耐火性能（通常の火災が終了するまでの間当該火災による建築物の倒壊及び延焼を防止するために当該建築物の部分に必要とされる性能をいう。）に関して政令で定める技術的基準に適合する鉄筋コンクリート造，れんが造その他の構造で，国土交通大臣が定めた構造方法を用いるもの又は国土交通大臣の認定を受けたものをいう。
七の2　準耐火構造　壁，柱，床その他の建築物の部分の構造のうち，準耐火性能（通常の火災による延焼を抑制するために当該建築物の部分に必要とされる性能をいう。第九号の3ロ及び第27条第1項において同じ。）に関して政令で定める技術的基準に適合するもので，国土交通大臣が定めた構造方法を用いるもの又は国土交通大臣の認定を受けたものをいう。
八　防火構造　建築物の外壁又は軒裏の構造のうち，防火性能（建築物の周囲において発生する通常の火災による延焼を抑制するために当該外壁又は軒裏に必要とされる性能をいう。）に関して政令で定める技術的基準に適合する鉄網モルタル塗，しつくい塗その他の構造で，国土交通大臣が定めた構造方法を用いるもの又は国土交通大臣の認定を受けたものをいう。
九　不燃材料　建築材料のうち，不燃性能（通常の火災時における火熱により燃焼しないことその他の政令で定める性能をいう。）に関して政令で定める技術的基準に適合するもので，国土交通大臣が定めたもの又は国土交通大臣の認定を受けたものをいう。
九の2　耐火建築物　次に掲げる基準に適合する建築物をいう。
イ　その主要構造部が(1)又は(2)のいずれかに該当すること。
(1)　耐火構造であること。
(2)　次に掲げる性能（外壁以外の主要構造部にあつては，(i)に掲げる性能に限る。）に関して政令で定める技術的基準に適合するものであること。
(i)　当該建築物の構造，建築設備及び用途に応じて屋内において発生が予測される火災による火熱に当該火災が終了するまで耐えること。
(ii)　当該建築物の周囲において発生する通常の火災による火熱に当該火災が終了するまで耐えること。
ロ　その外壁の開口部で延焼のおそれのある部分に，防火戸その他の政令で定める防火設備（その構造が遮炎性能（通常の火災時における火炎を有効に遮るために防火設備に必要とされる性能をいう。）に関して政令で定める技術的基準に適合するもので，国土交通大臣が定めた構造

九の3 準耐火建築物 耐火建築物以外の建築物で，イ又はロのいずれかに該当し，外壁の開口部で延焼のおそれのある部分に前号ロに規定する防火設備を有するものをいう。
　イ 主要構造部を準耐火構造としたもの
　ロ イに掲げる建築物以外の建築物であつて，イに掲げるものと同等の準耐火性能を有するものとして主要構造部の防火の措置その他の事項について政令で定める技術的基準に適合するもの
十 設計 建築士法（昭和25年法律第202号）第2条第5項に規定する設計をいう。
一一 工事監理者 建築士法第2条第7項に規定する工事監理をする者をいう。
一二 設計図書 建築物，その敷地又は第88条第1項から第3項までに規定する工作物に関する工事用の図面（現寸図その他これに類するものを除く。）及び仕様書をいう。
一三 建築 建築物を新築し，増築し，改築し，又は移転することをいう。
一四 大規模の修繕 建築物の主要構造部の一種以上について行う過半の修繕をいう。
十五 大規模の模様替 建築物の主要構造部の一種以上について行う過半の模様替をいう。
十六 建築主 建築物に関する工事の請負契約の注文者又は請負契約によらないで自らその工事をする者をいう。
十七 設計者 その者の責任において，設計図書を作成した者をいい，建築士法第20条の2第3項又は第20条の3第3項の規定により建築物が構造関係規定（同法第20条の2第2項に規定する構造関係規定をいう。第5条の4第2項及び第6条第3項第二号において同じ。）又は設備関係規定（同法第20条の3第2項に規定する設備関係規定をいう。第5条の4第3項及び第6条第3項第三号において同じ。）に適合することを確認した構造設計一級建築士（同法第10条の2第4項に規定する構造設計一級建築士をいう。第5条の4第2項及び第6条第3項第二号において同じ。）又は設備設計一級建築士（同法第10条の2第4項に規定する設備設計一級建築士をいう。第5条の4第3項及び第6条第3項第三号において同じ。）を含むものとする。
一八 工事施工者 建築物，その敷地若しくは第88条第1項から第3項までに規定する工作物に関する工事の請負人又は請負契約によらないで自らこれらの工事をする者をいう。
一九 都市計画 都市計画法（昭和43年法律第100号）第4条第1項に規定する都市計画をいう。
二十 都市計画区域又は準都市計画区域 それぞれ，都市計画法第4条第2項に規定する都市計画区域又は準都市計画区域をいう。
二一 第1種低層住居専用地域，第2種低層住居専用地域，第1種中高層住居専用地域，第2種中高層住居専用地域，第1種住居地域，第2種住居地域，準住居地域，近隣商業地域，商業地域，準工業地域，工業地域，工業専用地域，特別用途地区，特定用途制限地域，特例容積率適用地区，高層住居誘導地区，高度地区，高度利用地区，特定街区，都市再生特別地区，防火地域，準防火地域，特定防災街区整備地区又は景観地区 それぞれ，都市計画法第8条第1項第一号から第六」号までに掲げる第1種低層住居専用地域，第2種低層住居専用地域，第1種中高層住居専用地域，第2種中高層住居専用地域，第1種住居地域，第2種住居地域，準住居地域，近隣商業地域，商業地域，準工業地域，工業地域，工業専用地域，特別用途地区，特定用途制限地域，特例容積率適用地区，高層住居誘導地区，高度地区，高度利用地区，特定街区，都市再生特別地区，防火地域，準防火地域，特定防災街区整備地区又は景観地区をいう。
二二 地区計画 都市計画法第12条の4第1項第一号に掲げる地区計画をいう。
二三 地区整備計画 都市計画法第12条の5第2項第一号に掲げる地区整備計画をいう。
二四 防災街区整備地区計画 都市計画法第12条の4第1項第二号に掲げる防災街区整備地区計画をいう。
二五 特定建築物地区整備計画 密集市街地における防災街区の整備の促進に関する法律（平成9年法律第49号。以下「密集市街地整備法」という。）第32条第2項第一号に規定する特定建築物地区整備計画をいう。
二六 防災街区整備地区整備計画 密集市街地整備法第32条第2項第二号に規定する防災街区整備地区整備計画をいう。
二七 歴史的風致維持向上地区計画 都市計画法第12条の4第1項第三号に掲げる歴史的風致維持向上地区計画をいう。
二八 歴史的風致維持向上地区整備計画 地域における歴史的風致の維持及び向上に関する法律（平成20年法律第40号。以下「地域歴史的風致法」という。）第31条第2項第一号に規定する歴史的風致維持向上地区整備計画をいう。
二九 沿道地区計画 都市計画法第12条の4第1項第4号に掲げる沿道地区計画をいう。
三十 沿道地区整備計画 幹線道路の沿道の整備に関する法律（昭和55年法律第34号。以下「沿道整備法」という。）第9条第2項第一号に掲げる沿道地区整備計画をいう。
三一 集落地区計画 都市計画法第12条の4第1

項第五号に掲げる集落地区計画をいう。
三二　集落地区整備計画　集落地域整備法（昭和62年法律第63号）第5条第3項に規定する集落地区整備計画をいう。
三三　地区計画等　都市計画法第4条第9項に規定する地区計画等をいう。
三四　プログラム　電子計算機に対する指令であつて，一の結果を得ることができるように組み合わされたものをいう。
三五　特定行政庁　建築主事を置く市町村の区域については当該市町村の長をいい，その他の市町村の区域については都道府県知事をいう。ただし，第97条の2第1項又は第97条の3第1項の規定により建築主事を置く市町村の区域内の政令で定める建築物については，都道府県知事とする。

（適用の除外）
第3条　この法律並びにこれに基づく命令及び条例の規定は，次の各号のいずれかに該当する建築物については，適用しない。
一　文化財保護法（昭和25年法律第214号）の規定によつて国宝，重要文化財，重要有形民俗文化財，特別史跡名勝天然記念物又は史跡名勝天然記念物として指定され，又は仮指定された建築物
二　旧重要美術品等の保存に関する法律（昭和8年法律第43号）の規定によつて重要美術品等として認定された建築物
三　文化財保護法第182条第2項の条例その他の条例の定めるところにより現状変更の規制及び保存のための措置が講じられている建築物（次号において「保存建築物」という。）であつて，特定行政庁が建築審査会の同意を得て指定したもの
四　第一号若しくは第二号に掲げる建築物又は保存建築物であつたものの原形を再現する建築物で，特定行政庁が建築審査会の同意を得てその原形の再現がやむを得ないと認めたもの
2　この法律又はこれに基づく命令若しくは条例の規定の施行又は適用の際現に存する建築物若しくはその敷地又は現に建築，修繕若しくは模様替の工事中の建築物若しくはその敷地がこれらの規定に適合せず，又はこれらの規定に適合しない部分を有する場合においては，当該建築物，建築物の敷地又は建築物若しくはその敷地の部分に対しては，当該規定は，適用しない。
3　前項の規定は，次の各号のいずれかに該当する建築物，建築物の敷地又は建築物若しくはその敷地の部分に対しては，適用しない。
一　この法律又はこれに基づく命令若しくは条例を改正する法令による改正（この法律に基づく命令又は条例を廃止すると同時に新たにこれに相当する命令又は条例を制定することを含む。）後のこの法律又はこれに基づく命令若しくは条例の規定の適用の際当該規定に相当する従前の規定に違反している建築物，建築物の敷地又は建築物若しくはその敷地の部分
二　（以下，略）

（略）

（大規模の建築物の主要構造部）
第21条　高さが13メートル又は軒の高さが9メートルを超える建築物（その主要構造部（床，屋根及び階段を除く。）の政令で定める部分の全部又は一部に木材，プラスチックその他の可燃材料を用いたものに限る。）は，第2条第九号の2イに掲げる基準に適合するものとしなければならない。ただし，構造方法，主要構造部の防火の措置その他の事項について防火上必要な政令で定める技術的基準に適合する建築物（政令で定める用途に供するものを除く。）は，この限りでない。
2　延べ面積が3000平方メートルを超える建築物（その主要構造部（床，屋根及び階段を除く。）の前項の政令で定める部分の全部又は一部に木材，プラスチックその他の可燃材料を用いたものに限る。）は，第2条第九号の2イに掲げる基準に適合するものとしなければならない。

（略）

（防火地域内の建築物）
第61条　防火地域内においては，階数が3以上であり，又は延べ面積が100平方メートルを超える建築物は耐火建築物とし，その他の建築物は耐火建築物又は準耐火建築物としなければならない。ただし，次の各号の一に該当するものは，この限りでない。
一　延べ面積が50平方メートル以内の平家建の附属建築物で，外壁及び軒裏が防火構造のもの
二　卸売市場の上家又は機械製作工場で主要構造部が不燃材料で造られたものその他これらに類する構造でこれらと同等以上に火災の発生のおそれの少ない用途に供するもの
三　高さ2メートルを超える門又は塀で不燃材料で造り，又は覆われたもの
四　高さ2メートル以下の門又は塀

（略）

（準防火地域内の建築物）
第62条　準防火地域内においては，地階を除く階数が4以上である建築物又は延べ面積が1500平方メートルを超える建築物は耐火建築物とし，延べ面積が500平方メートルを超え1500平方メートル以下の建築物は耐火建築物又は準耐火建築物とし，地階を

除く階数が三である建築物は耐火建築物，準耐火建築物又は外壁の開口部の構造及び面積，主要構造部の防火の措置その他の事項について防火上必要な政令で定める技術的基準に適合する建築物としなければならない。ただし，前条第二号に該当するものは，この限りでない。
2 　準防火地域内にある木造建築物等は，その外壁及び軒裏で延焼のおそれのある部分を防火構造とし，これに附属する高さ2メートルを超える門又は塀で当該門又は塀が建築物の一階であるとした場合に延焼のおそれのある部分に該当する部分を不燃材料で造り，又はおおわなければならない。

（略）

別表第1　耐火建築物又は準耐火建築物としなければならない特殊建築物（第6条，第27条，第28条，第35条―第35条の3，第90条の3関係）

	（い）	（ろ）	（は）	（に）
	用途	（い）欄の用途に供する階	（い）欄の用途に供する部分（（一）項の場合にあつては客席，（五）項の場合にあつては3階以上の部分に限る。）の床面積の合計	（い）欄の用途に供する部分（（二）項及び（四）項の場合にあつては2階の部分に限り，かつ病院及び診療所についてはその部分に患者の収容施設がある場合に限る。）の床面積の合計
（一）	劇場，映画館，演芸場，観覧場，公会堂，集会場その他これらに類するもので政令で定めるもの	3階以上の階	200平方メートル（屋外観覧席にあつては，1000平方メートル）以上	
（二）	病院，診療所（患者の収容施設があるものに限る。）ホテル，旅館，下宿，共同住宅，寄宿舎その他これらに類するもので政令で定めるもの	3階以上の階		300平方メートル以上
（三）	学校，体育館その他これらに類するもので政令で定めるもの	3階以上の階		2000平方メートル以上
（四）	百貨店，マーケット，展示場，キャバレー，カフェー，ナイトクラブ，バー，ダンスホール，遊技場その他これらに類するもので政令で定めるもの	3階以上の階	3000平方メートル以上	500平方メートル以上
（五）	倉庫その他これに類するもので政令で定めるもの		200平方メートル以上	1500平方メートル以上
（六）	自動車車庫，自動車修理工場その他これらに類するもので政令で定めるもの	3階以上の階		150平方メートル以上

*数字は，号数以外はアラビア数字に改めた。

資料3　建築基準法施行令（抄）

（昭和25年11月16日政令第338号）
最終改正：平成23年8月30日政令第282号

第1章　総則

第1節　用語の定義等
（用語の定義）
第1条　この政令において次の各号に掲げる用語の意義は，それぞれ当該各号に定めるところによる。

一　敷地　1の建築物又は用途上不可分の関係にある2以上の建築物のある一団の土地をいう。
二　地階　床が地盤面下にある階で，床面から地盤面までの高さがその階の天井の高さの3分の1以上のものをいう。
三　構造耐力上主要な部分　基礎，基礎ぐい，壁，柱，小屋組，土台，斜材（筋かい，方づえ，火打材その他これらに類するものをいう。），床版，屋根版又は横架材（はり，けたその他これらに類するものをいう。）で，建築物の自重若しくは積載

荷重，積雪荷重，風圧，土圧若しくは水圧又は地震その他の震動若しくは衝撃を支えるものをいう。
　四　耐水材料　れんが，石，人造石，コンクリート，アスファルト，陶磁器，ガラスその他これらに類する耐水性の建築材料をいう。
　五　準不燃材料　建築材料のうち，通常の火災による火熱が加えられた場合に，加熱開始後10分間第108条の2各号（建築物の外部の仕上げに用いるものにあつては，同条第一号及び第二号）に掲げる要件を満たしているものとして，国土交通大臣が定めたもの又は国土交通大臣の認定を受けたものをいう。
　六　難燃材料　建築材料のうち，通常の火災による火熱が加えられた場合に，加熱開始後5分間第108条の2　各号（建築物の外部の仕上げに用いるものにあつては，同条第一号及び第二号）に掲げる要件を満たしているものとして，国土交通大臣が定めたもの又は国土交通大臣の認定を受けたものをいう。

（面積，高さ等の算定方法）
第2条　次の各号に掲げる面積，高さ及び階数の算定方法は，それぞれ当該各号に定めるところによる。
　一　敷地面積　敷地の水平投影面積による。ただし，建築基準法（以下「法」という。）第42条第2項，第3項又は第5項の規定によつて道路の境界線とみなされる線と道との間の部分の敷地は，算入しない。
　二　建築面積　建築物（地階で地盤面上1メートル以下にある部分を除く。以下この号において同じ。）の外壁又はこれに代わる柱の中心線（軒，ひさし，はね出し縁その他これらに類するもので当該中心線から水平距離1メートル以上突き出たものがある場合においては，その端から水平距離一メートル後退した線）で囲まれた部分の水平投影面積による。ただし，国土交通大臣が高い開放性を有すると認めて指定する構造の建築物又はその部分については，その端から水平距離1メートル以内の部分の水平投影面積は，当該建築物の建築面積に算入しない。
　三　床面積　建築物の各階又はその一部で壁その他の区画の中心線で囲まれた部分の水平投影面積による。
　四　延べ面積　建築物の各階の床面積の合計による。ただし，法第52条第1項に規定する延べ面積（建築物の容積率の最低限度に関する規制に係る当該容積率の算定の基礎となる延べ面積を除く。）には，自動車車庫その他の専ら自動車又は自転車の停留又は駐車のための施設（誘導車路，操車場所及び乗降場を含む。）の用途に供する部分の床面積を算入しない。
　五　築造面積　工作物の水平投影面積による。ただし，国土交通大臣が別に算定方法を定めた工作物については，その算定方法による。
　六　建築物の高さ　地盤面からの高さによる。ただし，次のイ，ロ又はハのいずれかに該当する場合においては，それぞれイ，ロ又はハに定めるところによる。
　　イ　法第56条第1項第一号の規定並びに第130条の12及び第135条の18の規定による高さの算定については，前面道路の路面の中心からの高さによる。
　　ロ　法第33条及び法第56条第1項第三号に規定する高さ並びに法第57条の4第1項及び法第58八条に規定する高さ（北側の前面道路又は隣地との関係についての建築物の各部分の高さの最高限度が定められている場合におけるその高さに限る。）を算定する場合を除き，階段室，昇降機塔，装飾塔，物見塔，屋窓その他これらに類する建築物の屋上部分の水平投影面積の合計が当該建築物の建築面積の8分の1以内の場合においては，その部分の高さは，12メートル（法第55条第1項及び第2項，法第56条の2第4項，法第59条の2第1項（法第55条第1項に係る部分に限る。）並びに法別表第4（ろ）欄二の項，三の項及び四の項ロの場合には，5メートル）までは，当該建築物の高さに算入しない。
　　ハ　棟飾，防火壁の屋上突出部その他これらに類する屋上突出物は，当該建築物の高さに算入しない。
　七　軒の高さ　地盤面（第130条の12第一号イの場合には，前面道路の路面の中心）から建築物の小屋組又はこれに代わる横架材を支持する壁，敷げた又は柱の上端までの高さによる。
　八　階数　昇降機塔，装飾塔，物見塔その他これらに類する建築物の屋上部分又は地階の倉庫，機械室その他これらに類する建築物の部分で，水平投影面積の合計がそれぞれ当該建築物の建築面積の8分の1以下のものは，当該建築物の階数に算入しない。また，建築物の一部が吹抜きとなつている場合，建築物の敷地が斜面又は段地である場合その他建築物の部分によつて階数を異にする場合においては，これらの階数のうち最大なものによる。
2　前項第二号，第六号又は第七号の「地盤面」とは，建築物が周囲の地面と接する位置の平均の高さにおける水平面をいい，その接する位置の高低差が3メートルを超える場合においては，その高低差3メートル以内ごとの平均の高さにおける水平面をいう。
3　第1項第四号ただし書の規定は，同項に規定する専ら自動車又は自転車の停留又は駐車のための施

設の用途に供する部分の床面積については，当該敷地内の建築物の各階の床面積の合計（同一敷地内に2以上の建築物がある場合においては，それらの建築物の各階の床面積の合計の和）の5分の1を限度として適用するものとする．
4　第1項第六号ロ又は第八号の場合における水平投影面積の算定方法は，同項第二号の建築面積の算定方法によるものとする．

（都道府県知事が特定行政庁となる建築物）
第2条の2　法第2条第三十五号ただし書の政令で定める建築物のうち法第97条の2第1項の規定により建築主事を置く市町村の区域内のものは，第148条第1項に規定する建築物以外の建築物とする．
2　法第2条第三十五号ただし書の政令で定める建築物のうち法第97条の3第1項の規定により建築主事を置く特別区の区域内のものは，第149条第1項に規定する建築物とする．

（略）

（防火区画）
第112条　主要構造部を耐火構造とした建築物又は法第2条第九号の3イ若しくはロのいずれかに該当する建築物で，延べ面積（スプリンクラー設備，水噴霧消火設備，泡消火設備その他これらに類するもので自動式のものを設けた部分の床面積の2分の1に相当する床面積を除く．以下この条において同じ．）が1500平方メートルを超えるものは，床面積（スプリンクラー設備，水噴霧消火設備，泡消火設備その他これらに類するもので自動式のものを設けた部分の床面積の2分の1に相当する床面積を除く．以下この条において同じ．）の合計1500平方メートル以内ごとに第115条の2の2第1項第一号に掲げる基準に適合する準耐火構造の床若しくは壁又は特定防火設備（第109条に規定する防火設備であつて，これに通常の火災による火熱が加えられた場合に，加熱開始後1時間当該加熱面以外の面に火炎を出さないものとして，国土交通大臣が定めた構造方法を用いるもの又は国土交通大臣の認定を受けたものをいう．以下同じ．）で区画しなければならない．ただし，次の各号のいずれかに該当する建築物の部分でその用途上やむを得ない場合においては，この限りでない．
一　劇場，映画館，演芸場，観覧場，公会堂又は集会場の客席，体育館，工場その他これらに類する用途に供する建築物の部分
二　階段室の部分又は昇降機の昇降路の部分（当該昇降機の乗降のための乗降ロビーの部分を含む．）で第115条の2の2第1項第一号に掲げる基準に適合する準耐火構造の床若しくは壁又は特定防火設備で区画されたもの

2　法第27条第2項，法第62条第1項又は法第67条の2第1項の規定により準耐火建築物とした建築物（第109条の3第二号又は第115条の2の2第1項第一号に掲げる基準に適合するものを除く．）で，延べ面積が500平方メートルを超えるものについては，前項の規定にかかわらず，床面積の合計500平方メートル以内ごとに同号に掲げる基準に適合する準耐火構造の床若しくは壁又は特定防火設備で区画し，かつ，防火上主要な間仕切壁を準耐火構造とし，小屋裏又は天井裏に達せしめなければならない．
3　法第21条第1項ただし書の規定により第129条の2の3第1項第一号ロに掲げる基準に適合する建築物とした建築物，法第27条第1項ただし書の規定により第115条の2の2第1項第一号に掲げる基準に適合する建築物とした建築物又は法第27条第2項，法第62条第1項若しくは法第67条の2第1項の規定により第109条の3第二号若しくは第115条の2の2第1項第一号に掲げる基準に適合する準耐火建築物とした建築物で，延べ面積が1000平方メートルを超えるものについては，第1項の規定にかかわらず，床面積の合計1000平方メートル以内ごとに同号に掲げる基準に適合する準耐火構造の床若しくは壁又は特定防火設備で区画しなければならない．
4　前2項の規定は，次の各号のいずれかに該当する建築物の部分で，天井（天井のない場合においては，屋根．第6項，第7項及び第9項において同じ．）及び壁の室内に面する部分の仕上げを準不燃材料でしたものについては，適用しない．
一　体育館，工場その他これらに類する用途に供する建築物の部分
二　第1項第二号に掲げる建築物の部分
5　建築物の11階以上の部分で，各階の床面積の合計が100平方メートルを超えるものは，第1項の規定にかかわらず，床面積の合計100平方メートル以内ごとに耐火構造の床若しくは壁又は法第2条第九号の2ロに規定する防火設備で区画しなければならない．
6　前項の建築物の部分で，当該部分の壁（床面からの高さが1.2メートル以下の部分を除く．次項において同じ．）及び天井の室内に面する部分（回り縁，窓台その他これらに類する部分を除く．次項において同じ．）の仕上げを準不燃材料でし，かつ，その下地を準不燃材料で造つたものは，特定防火設備以外の法第2条第九号の2ロに規定する防火設備で区画する場合を除き，前項の規定にかかわらず，床面積の合計200平方メートル以内ごとに区画すれば足りる．
7　第5項の建築物の部分で，当該部分の壁及び天井の室内に面する部分の仕上げを不燃材料でし，かつ，その下地を不燃材料で造つたものは，特定防火

建築基準法施行令（抄）

　　設備以外の法第2条第九号の2ロに規定する防火設備で区画する場合を除き，同項の規定にかかわらず，床面積の合計500平方メートル以内ごとに区画すれば足りる。
8　前3項の規定は，階段室の部分若しくは昇降機の昇降路の部分（当該昇降機の乗降のための乗降ロビーの部分を含む。），廊下その他避難の用に供する部分又は床面積の合計が200平方メートル以内の共同住宅の住戸で，耐火構造の床若しくは壁又は特定防火設備（第5項の規定により区画すべき建築物にあつては，法第2条第九号の2ロに規定する防火設備）で区画されたものについては，適用しない。
9　主要構造部を準耐火構造とし，かつ，地階又は3階以上の階に居室を有する建築物の住戸の部分（住戸の階数が2以上であるものに限る。），吹抜きとなつている部分，階段の部分，昇降機の昇降路の部分，ダクトスペースの部分その他これらに類する部分（当該部分からのみ人が出入りすることのできる公衆便所，公衆電話所その他これらに類するものを含む。）については，当該部分（当該部分が第1項ただし書に規定する用途に供する建築物の部分でその壁（床面からの高さが1.2メートル以下の部分を除く。）及び天井の室内に面する部分（回り縁，窓台その他これらに類する部分を除く。以下この項において同じ。）の仕上げを準不燃材料でし，かつ，その下地を準不燃材料で造つたものであつてその用途上区画することができない場合にあつては，当該建築物の部分）とその他の部分（直接外気に開放されている廊下，バルコニーその他これらに類する部分を除く。）とを準耐火構造の床若しくは壁又は法第2条第九号の2ロに規定する防火設備で区画しなければならない。ただし，次の各号のいずれかに該当する建築物の部分については，この限りでない。
　　一　避難階からその直上階又は直下階のみに通ずる吹抜きとなつている部分，階段の部分その他これらに類する部分でその壁及び天井の室内に面する部分の仕上げを不燃材料でし，かつ，その下地を不燃材料で造つたもの
　　二　階数が3以下で延べ面積が200平方メートル以内の一戸建ての住宅又は長屋若しくは共同住宅の住戸のうちその階数が3以下で，かつ，床面積の合計が200平方メートル以内であるものにおける吹抜きとなつている部分，階段の部分，昇降機の昇降路の部分その他これらに類する部分
10　第1項から第4項までの規定による第115条の2の2第1項第一号に掲げる基準に適合する準耐火構造の床若しくは壁（第2項に規定する防火上主要な間仕切壁を除く。）若しくは特定防火設備，第5項の規定による耐火構造の床若しくは壁若しくは法第2条第九号の2ロに規定する防火設備又は前項の規定による準耐火構造の床若しくは壁若しくは法第2

条第九号の2ロに規定する防火設備に接する外壁については，当該外壁のうちこれらに接する部分を含み幅90センチメートル以上の部分を準耐火構造としなければならない。ただし，外壁面から50センチメートル以上突出した準耐火構造のひさし，床，そで壁その他これらに類するもので防火上有効に遮られている場合においては，この限りでない。
11　前項の規定によつて準耐火構造としなければならない部分に開口部がある場合においては，その開口部に法第2条第九号の2ロに規定する防火設備を設けなければならない。
12　建築物の一部が法第24条各号のいずれかに該当する場合においては，その部分とその他の部分とを準耐火構造とした壁又は法第2条第九号の2ロに規定する防火設備で区画しなければならない。
13　建築物の一部が法第27条第1項各号のいずれか又は同条第2項各号のいずれかに該当する場合においては，その部分とその他の部分とを第115条の2の2第1項第一号に掲げる基準に適合する準耐火構造とした床若しくは壁又は特定防火設備で区画しなければならない。
14　第1項から第5項まで，第8項又は前項の規定による区画に用いる特定防火設備及び第5項，第8項，第9項又は第12項の規定による区画に用いる法第2条第九号の2ロに規定する防火設備は，次の各号に掲げる区分に応じ，それぞれ当該各号に定める構造のものとしなければならない。
　　一　第1項本文，第2項若しくは第3項の規定による区画に用いる特定防火設備又は第5項の規定による区画に用いる法第2条第九号の2ロに規定する防火設備　次に掲げる要件を満たすものとして，国土交通大臣が定めた構造方法を用いるもの又は国土交通大臣の認定を受けたもの
　　　イ　常時閉鎖若しくは作動をした状態にあるか，又は随時閉鎖若しくは作動をできるものであること。
　　　ロ　閉鎖又は作動をするに際して，当該特定防火設備又は防火設備の周囲の人の安全を確保することができるものであること。
　　　ハ　居室から地上に通ずる主たる廊下，階段その他の通路の通行の用に供する部分に設けるものにあつては，閉鎖又は作動をした状態において避難上支障がないものであること。
　　　ニ　常時閉鎖又は作動をした状態にあるもの以外のものにあつては，火災により煙が発生した場合又は火災により温度が急激に上昇した場合のいずれかの場合に，自動的に閉鎖又は作動をするものであること。
　　二　第1項第二号，第4項，第8項若しくは前項の規定による区画に用いる特定防火設備又は第8項，第9項若しくは第12項の規定による区画に用

いる法第2条第九号の2ロに規定する防火設備次に掲げる要件を満たすものとして，国土交通大臣が定めた構造方法を用いるもの又は国土交通大臣の認定を受けたもの
　　イ　前号イからハまでに掲げる要件を満たしているものであること。
　　ロ　避難上及び防火上支障のない遮煙性能を有し，かつ，常時閉鎖又は作動をした状態にあるもの以外のものにあつては，火災により煙が発生した場合に自動的に閉鎖又は作動をするものであること。
15　給水管，配電管その他の管が第1項から第4項まで若しくは第13項の規定による第115条の2の2第1項第一号に掲げる基準に適合する準耐火構造の床若しくは壁，第5項若しくは第8項の規定による耐火構造の床若しくは壁，第9項本文，第10項本文若しくは第12項の規定による準耐火構造の床若しくは壁又は第10項ただし書の場合における同項ただし書のひさし，床，そで壁その他これらに類するもの（以下この項及び次項において「準耐火構造の防火区画」という。）を貫通する場合においては，当該管と準耐火構造の防火区画とのすき間をモルタルその他の不燃材料で埋めなければならない。
16　換気，暖房又は冷房の設備の風道が準耐火構造の防火区画を貫通する場合（国土交通大臣が防火上支障がないと認めて指定する場合を除く。）においては，当該風道の準耐火構造の防火区画を貫通する部分又はこれに近接する部分に，特定防火設備（法第2条第九号の2ロに規定する防火設備によつて区画すべき準耐火構造の防火区画を貫通する場合にあつては，法第2条第九号の2ロに規定する防火設備）であつて，次に掲げる要件を満たすものとして，国土交通大臣が定めた構造方法を用いるもの又は国土交通大臣の認定を受けたものを国土交通大臣が定める方法により設けなければならない。
　一　火災により煙が発生した場合又は火災により温度が急激に上昇した場合に自動的に閉鎖するものであること。
　二　閉鎖した場合に防火上支障のない遮煙性能を有するものであること。

（略）

（耐火建築物又は準耐火建築物としなければならない特殊建築物）
第115条の3　法別表第一（い）欄の（二）項から（四）項まで及び（六）項（法第87条第3項において法第27条の規定を準用する場合を含む。）に掲げる用途に類するもので政令で定めるものは，それぞれ次の各号に掲げるものとする。
　一　（二）項の用途に類するもの　児童福祉施設等
　二　（三）項の用途に類するもの　博物館，美術館，図書館，ボーリング場，スキー場，スケート場，水泳場又はスポーツの練習場
　三　（四）項の用途に類するもの　公衆浴場，待合，料理店，飲食店又は物品販売業を営む店舗（床面積が10平方メートル以内のものを除く。）
　四　（六）項の用途に類するもの　映画スタジオ又はテレビスタジオ

（略）

（二以上の直通階段を設ける場合）
第121条　建築物の避難階以外の階が次の各号のいずれかに該当する場合においては，その階から避難階又は地上に通ずる2以上の直通階段を設けなければならない。
　一　劇場，映画館，演芸場，観覧場，公会堂又は集会場の用途に供する階でその階に客席，集会室その他これらに類するものを有するもの
　二　物品販売業を営む店舗（床面積の合計が1500平方メートルを超えるものに限る。第122条第2項，第124条第1項及び第125条第3項において同じ。）の用途に供する階でその階に売場を有するもの
　三　次に掲げる用途に供する階でその階に客席，客室その他これらに類するものを有するもの（5階以下の階で，その階の居室の床面積の合計が100平方メートルを超えず，かつ，その階に避難上有効なバルコニー，屋外通路その他これらに類するもの及びその階から避難階又は地上に通ずる直通階段で第123条第2項又は第3項の規定に適合するものが設けられているもの並びに避難階の直上階又は直下階である5階以下の階でその階の居室の床面積の合計が100平方メートルを超えないものを除く。）
　　イ　キャバレー，カフェー，ナイトクラブ又はバー
　　ロ　個室付浴場業その他客の性的好奇心に応じてその客に接触する役務を提供する営業を営む施設
　　ハ　ヌードスタジオその他これに類する興行場（劇場，映画館又は演芸場に該当するものを除く。）
　　ニ　専ら異性を同伴する客の休憩の用に供する施設
　　ホ　店舗型電話異性紹介営業その他これに類する営業を営む店舗
　四　病院若しくは診療所の用途に供する階でその階における病室の床面積の合計又は児童福祉施設等の用途に供する階でその階における児童福祉施設等の主たる用途に供する居室の床面積の合計が，それぞれ五十平方メートルを超えるもの

建築基準法施行令（抄）

　　五　ホテル，旅館若しくは下宿の用途に供する階でその階における宿泊室の床面積の合計，共同住宅の用途に供する階でその階における居室の床面積の合計又は寄宿舎の用途に供する階でその階における寝室の床面積の合計が，それぞれ100平方メートルを超えるもの
　　六　前各号に掲げる階以外の階で次のイ又はロに該当するもの
　　　イ　六階以上の階でその階に居室を有するもの（第一号から第四号までに掲げる用途に供する階以外の階で，その階の居室の床面積の合計が100平方メートルを超えず，かつ，その階に避難上有効なバルコニー，屋外通路その他これらに類するもの及びその階から避難階又は地上に通ずる直通階段で第123条第2項又は第3項の規定に適合するものが設けられているものを除く。）
　　　ロ　5階以下の階でその階における居室の床面積の合計が避難階の直上階にあつては200平方メートルを，その他の階にあつては100平方メートルを超えるもの
2　主要構造部が準耐火構造であるか，又は不燃材料で造られている建築物について前項の規定を適用する場合には，同項中「50平方メートル」とあるのは「100平方メートル」と，「100平方メートル」とあるのは「200平方メートル」と，「200平方メートル」とあるのは「400平方メートル」とする。
3　第1項の規定により避難階又は地上に通ずる2以上の直通階段を設ける場合において，居室の各部分から各直通階段に至る通常の歩行経路のすべてに共通の重複区間があるときにおける当該重複区間の長さは，前条に規定する歩行距離の数値の2分の1をこえてはならない。ただし，居室の各部分から，当該重複区間を経由しないで，避難上有効なバルコニー，屋外通路その他これらに類するものに避難することができる場合は，この限りでない。

　　　　　　　　（略）

（避難階段の設置）
第122条　建築物の5階以上の階（その主要構造部が準耐火構造であるか，又は不燃材料で造られている建築物で5階以上の階の床面積の合計が100平方メートル以下である場合を除く。）又は地下2階以下の階（その主要構造部が準耐火構造であるか，又は不燃材料で造られている建築物で地下2階以下の階の床面積の合計が100平方メートル以下である場合を除く。）に通ずる直通階段は次条の規定による避難階段又は特別避難階段とし，建築物の15階以上の階又は地下3階以下の階に通ずる直通階段は同条第3項の規定による特別避難階段としなければならない。ただし，主要構造部が耐火構造である建築物（階段室の部分，昇降機の昇降路の部分（当該昇降機の乗降のための乗降ロビーの部分を含む。）及び廊下その他の避難の用に供する部分で耐火構造の床若しくは壁又は特定防火設備で区画されたものを除く。）で床面積の合計100平方メートル（共同住宅の住戸にあつては，200平方メートル）以内ごとに耐火構造の床若しくは壁又は特定防火設備（直接外気に開放されている階段室に面する換気のための窓で開口面積が0.2平方メートル以下のものに設けられる法第2条第九号の2ロに規定する防火設備を含む。）で区画されている場合においては，この限りでない。
2　3階以上の階を物品販売業を営む店舗の用途に供する建築物にあつては，各階の売場及び屋上広場に通ずる2以上の直通階段を設け，これを次条の規定による避難階段又は特別避難階段としなければならない。
3　前項の直通階段で，5階以上の売場に通ずるものはその1以上を，15階以上の売場に通ずるものはそのすべてを次条第3項の規定による特別避難階段としなければならない。

　　　　　　　　（略）

（建築物の用途を変更して特殊建築物とする場合に建築主事の確認等を要しない類似の用途）
第137条の17　法第87条第1項の規定により政令で指定する類似の用途は，当該建築物が次の各号のいずれかに掲げる用途である場合において，それぞれ当該各号に掲げる他の用途とする。ただし，第三号若しくは第六号に掲げる用途に供する建築物が第1種低層住居専用地域若しくは第2種低層住居専用地域内にある場合又は第七号に掲げる用途に供する建築物が第1種中高層住居専用地域，第2種中高層住居専用地域若しくは工業専用地域内にある場合については，この限りでない。
　一　劇場，映画館，演芸場
　二　公会堂，集会場
　三　診療所（患者の収容施設があるものに限る。），児童福祉施設等
　四　ホテル，旅館
　五　下宿，寄宿舎
　六　博物館，美術館，図書館
　七　体育館，ボーリング場，スケート場，水泳場，スキー場，ゴルフ練習場，バッティング練習場
　八　百貨店，マーケット，その他の物品販売業を営む店舗
　九　キャバレー，カフェー，ナイトクラブ，バー
　十　待合，料理店
　十一　映画スタジオ，テレビスタジオ

(略)

(建築物の用途を変更する場合に法第24条等の規定を準用しない類似の用途等)
第137条の18　法第87条第3項第二号の規定により政令で指定する類似の用途は，当該建築物が前条第八号から第十一号まで及び次の各号のいずれかに掲げる用途である場合において，それぞれ当該各号に掲げる他の用途とする。ただし，法第48条第1項から第13項までの規定の準用に関しては，この限りでない。
一　劇場，映画館，演芸場，公会堂，集会場
二　病院，診療所（患者の収容施設があるものに限る。），児童福祉施設等
三　ホテル，旅館，下宿，共同住宅，寄宿舎
四　博物館，美術館，図書館

(以下，略)

資料4　質の高い建築設計の実現を目指して－プロポーザル方式－

For the high quality in public building's design

国土交通省大臣官房官庁営繕部，2006年

質の高い建築設計を実現するために－設計者の選定－

■設計者の選定にあたっては，物品購入などと同じような設計料の多寡だけでは判断できません。

物品購入のように，購入するものの内容や質が，あらかじめ具体的に特定され，誰が行っても結果の同一性が保証されている場合には，競争入札によって調達することが適切であることは言うまでもありません。

しかし，建築の設計は，設計の内容や設計の結果があらかじめ目に見える形になっているわけではなく，設計者によってその結果に差が生じるものです。したがって，設計料が安いからといっても，設計成果物が悪ければ，発注者の要求する性能・品質の建築物を得られないといった結果になりかねません。

そこで，「官公庁施設は国民共有の資産として質の高さが求められることから，その設計業務を委託しようとする場合には，設計料の多寡による選定方式によってのみ設計者を選定するのではなく，設計者の創造性，技術力，経験等を適正に審査の上，その設計業務の内容に最も適した設計者を選定することが極めて重要」※になります。

※平成3年3月建築審議会答申「官公庁施設の設計業務委託方式の在り方」より引用

■よい建築の実現のためには，最適な設計者の選定が重要です。

質の高い建築設計を行うために最も重要なのは，設計者の能力や経験などの資質です。具体的には，設計者や設計組織（チーム）のもつ創造力や確かな技術力，これまでの経験の蓄積に基づく専門家としての豊かなノウハウが，発注者が要求する性能・品質の建築物を実現するうえで必要です。そうした設計者の選定方法として望ましいのが「プロポーザル方式」です。

この方式以外にも「設計競技（コンペ）方式」があります。「コンペ方式」は，最もすぐれた「設計案」を選ぶ方式です。これに対して「プロポーザル方式」では，最も適した「設計者（人）」を選定します。

	発注者		評価の対象		設計者（提出者）
プロポーザル方式	具体的な課題	→	設計者（人）	←	課題に対する提案 業務の実施方針
コンペ方式	明確な設計条件	→	設計案	←	設計案の作成

プロポーザル方式とは

建築設計を委託するうえで，もっとも適した「設計者（人）」を選ぶ方式です。技術力や経験，プロジェクトにのぞむ体制などを含めたプロポーザル（提案書）の提出を求め，公正に評価して設計者を選ぶ方式です。

1　適切な設計者選定には，公正性，透明性，客観性が求められています

「プロポーザル方式」が適正に運営されれば，客観的な評価基準をもとに，公正な審査が行われ，選定プロセスも透明性が確保されます。時代が要請する公正性，透明性，客観性をもつ設計者選定が可能な方式です。

2　質の高い建築設計を可能にする選定方式

建築設計は，あらかじめその内容や結果が目に見える形になっているものではなく，設計料の多寡だけで選定することが適切とは言えません。完成した建築は，将来，何十年も残っていくものです。高い技術力や経験を持つそのプロジェクトに最も適した設計者を選ぶ「プロポーザル方式」がすぐれている点は，出来上がる建築物の質の高さに重点が置かれている点です。

3　選定までの費用・労力・時間の負担を少なく
　　「プロポーザル方式」では，設計案を作成するのではなく，具体的な実施方針・設計体制や実績の照会などに関する提案書類を作成することが中心となっています。「コンペ方式」に比べて，主催者側も提出者側も簡便に対応できる点が大きな利点としてあげられます。
4　設計者（人）を選ぶ方式
　　「コンペ方式」は設計競技であり，「設計案」そのものの良否を検討して選ぶものです。これに対して「プロポーザル方式」は「設計案」ではなく，設計を委託すべき適任者「設計者（人）」を選ぶ点が異なります。
5　発注者と設計者との共同作業
　　「プロポーザル方式」では，設計者を選定し，それから具体的な設計が発注者との共同作業により進められます。いわば，発注者と設計者との密接なコラボレーションによる質の高い建築設計が可能な方式といえます。

■官公庁施設の設計業務方式の在り方に関する答申とプロポーザル方式について
　平成3年3月の建築審議会の「官公庁施設の設計業務委託方式の在り方」に関する答申では，設計者の創造性，技術力，経験など審査する選定方式として次の3方式が示されました。
　(1)　設計競技方式：提出された具体的な設計案を審査し，設計者を選定する方式
　(2)　プロポーザル方式：提出された設計対象に対する発想・解決方法等の提案を審査し，設計者を選定する方式
　(3)　書類審査方式：当該業務の工程計画，設計チームの構成，設計者の経歴・作風等に関する資料を提出させ，必要に応じ面接・ヒヤリングを行ってこれを審査し，設計者を選定する方式
　このうち(2)プロポーザル方式と(3)書類審査方式を併用したものが現在の「プロポーザル方式」として運用されるようになりました。
　現在，創造性，技術力等を審査する設計者選定の方式として，一般的には以下のように整理することができます。
(I)　設計競技（コンペ）方式
　・最も優れた設計案を選ぶ方式
(II)　プロポーザル方式
　・最も適切な創造力，技術力，経験などをもつ設計者（人）を選ぶ方式

■品確法と設計者選定について
　「公共工事の品質確保の促進に関する法律」（以下「品確法」という。）が平成17年4月から施行されました。また，同年8月に品確法第8条第1項に基づき，「公共工事の品質確保の促進に関する施策を総合的に推進するための基本的な方針」（以下「基本方針」という。）が定められました。
　品確法及び基本方針においては，公共工事の品質確保にとっての調査・設計の重要性が以下のように示されています。
　　品確法 …公共工事の品質確保にあたっては，公共工事に関する調査及び設計の品質が公共工事の品質確保を図る上で重要な役割を果たすものであることにかんがみ，前各項（略）の趣旨を踏まえ，公共工事に関する調査及び設計の品質が確保されるようにしなければならない。
　　基本方針 …公共工事の品質確保にあたっては，公共工事に関する調査及び設計の品質が重要な役割を果たしており，（中略）このような観点から，……調査・設計の契約にあたっては，競争参加者の技術的能力を審査することにより，その品質を確保する必要がある。

　　公共工事の品質確保のためには
　　　　　　↓
　　調査・設計の品質確保が重要
　　　　　　↓
　　競争参加者の技術的能力を審査が必要
　　プロポーザル方式による設計者選定が有用

プロポーザル方式の手続
　官庁施設に係る設計者選定については，主としてプロポーザル方式又は設計競技方式により行ってきたところですが，「公共事業の入札契約手続の改善に関する行動計画（平成6年1月18日閣議了解）」に基づき，平成6年度当初予算から従来の選定方式に加え，一定金額以上の事案については，公募型プロポーザル方式を導入しています。さらに平成8年度からは，公募型プロポーザル対象業務よりも小さな業務について，簡易公募型プロポーザル方式を導入しています。

標準(簡易公募型)公募型プロポーザルの流れ：
プロポーザルの準備 → 手続開始の公示 → 説明書の交付 → 参加表明書の受領 → 技術提案書の提出者の選定 → 選定通知/提出要請書の送付 → 受注意思確認 → 技術提案書の受領 → ヒアリングの実施 → 技術提案書の評価 → 技術提案書の特定・通知 → 契約の締結

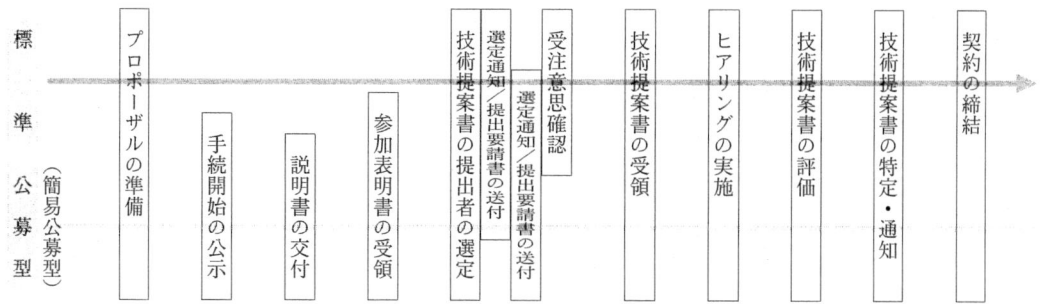

※結果の公表について建設コンサルタント業務等における入札及び契約の過程並びに契約の内容等に係る情報の公表について（平成14年9月5日付け国官会第1211号，国地契第34号）を参照

	一般事務庁舎	研修施設	試験研究施設	その他の施設
延べ面積 1,000㎡以下	大阪食糧事務所神戸事務所姫路支所	那須甲子少年自然の家自然環境学習棟	物質・材料研究機構非磁性実験棟	長崎労働局 桜門町宿舎
延べ面積 1,000㎡～3,000㎡	水沢公共職業安定所	奈良県警察学校生徒寮	沖縄亜熱帯計測技術センター	法隆寺宝物館
延べ面積 10,000㎡以上	那覇第2地方合同	警察大学校	産業技術総合研究所中部センター	国際障害者交流センター

国土交通省の事例		地方公共団体の事例	
件　名	工事種別	件　名	工事種別
MM21横浜国際会議場	新　築	加茂市温水プール新築工事	新　築
法隆寺宝物館	新　築	武蔵野市立桜野小学校体育館棟等新築工事	新　築
松江地方合同	新　築	白石市立南中学校屋内体育館	新　築
那覇第2地方合同	新　築	宇治市文化センター再生整備	増改築
桜門町宿舎	新　築	高松港港湾旅客ターミナル	新　築
気象庁外壁改修	改　修	遠別町学校給食センター	新　築
銚子港湾合同増改築	増改築	児湯農業改良普及センター	新　築
国際産学官連携OSL（仮称）	新　築	春日部市男女共同参画推進センター	新　築
山口県警察学校体育館	新　築	粕屋町生涯学習センター	新　築
名古屋工業研究所新築	新　築	御津町営国民宿舎 新舞子荘	増改築
佐世保合同庁舎	新　築	金谷中学校耐震補強	改　修
大阪工業技術研究所機能材料研究棟外5棟	増改築	武蔵野市立大野田小学校校舎	増改築
別府重度障害者センター	増改築	藤塚方面中	新　築
国立伊東重度障害者センター	増改築	神戸市立王子動物園	増改築
東京国立近代美術館増改築	増改築	大津町立図書館	新　築
徳島職業安定所	新　築	宇治市総合保健センター・消防防災施設	新　築
六ヶ所保障措置センター	新　築	身体障害者通所授産施設	新　築
旭川東税務署庁舎	新　築	島根大学（総理工）校舎	改　修
奈良国立博物館文化財保存修理所	増改築	宮前アパート	新　築
徳島県警察学校	新　築	静内町道営住宅（さくら団地A）	新　築
沖縄国立青年の家食堂棟	新　築	黒木町役場庁舎	新　築
裁判所平良支部	新　築	高遠町営住宅（D，E棟）	新　築
野辺地職業安定所	新　築	倶知安町風土館	改　修
水産大学生寮増築工事	増改築	馬頭町広重美術館	新　築
山梨県警察学校射撃場	新　築	堀之内病院・社会福祉センター	増改築
北海道警察機動隊庁舎	新　築	大阪府旭警察署	新　築
三島労働総合庁舎	新　築	天城湯ヶ島町保健福祉センター	増改築
国立長崎原爆死没者追悼平和祈念館	新　築	南部福祉コミュニティー施設	増改築

※件名は，公共建築設計者情報システム（PUBDIS）より，順不同で掲載しています

資料5　バリアフリー化基準

高齢者，障害者等が円滑に利用できるようにするために誘導すべき建築物特定施設の構造及び配置に関する基準を定める省令

2006年12月15日

（建築物移動等円滑化誘導基準）

第1条　高齢者，障害者等の移動等の円滑化の促進に関する法律（以下「法」という。）第17条第三項第一号の主務省令で定める建築物特定施設の構造及び配置に関する基準は，この省令の定めるところによる。

（出入口）

第2条　多数の者が利用する出入口（次項に規定するもの並びにかご，昇降路，便所及び浴室等に設けられるものを除き，かつ，2以上の出入口を併設する場合には，そのうち1以上のものに限る。）は，次に掲げるものでなければならない。
一　幅は，90センチメートル以上とすること。
二　戸を設ける場合には，自動的に開閉する構造その他の車いす使用者が容易に開閉して通過できる構造とし，かつ，その前後に高低差がないこと。
2　多数の者が利用する直接地上へ通ずる出入口のうち1以上のものは，次に掲げるものでなければならない。
一　幅は，120センチメートル以上とすること。
二　戸を設ける場合には，自動的に開閉する構造とし，かつ，その前後に高低差がないこと。

（廊下等）

第3条　多数の者が利用する廊下等は，次に掲げるものでなければならない。
一　幅は，180センチメートル以上とすること。ただし，50メートル以内ごとに車いすのすれ違いに支障がない場所を設ける場合にあっては，140センチメートル以上とすることができる。
二　表面は，粗面とし，又は滑りにくい材料で仕上げること。
三　階段又は傾斜路（階段に代わり，又はこれに併設するものに限る。）の上端に近接する廊下等の部分（不特定かつ多数の者が利用し，又は主として視覚障害者が利用するものに限る。）には，点状ブロック等を敷設すること。ただし，視覚障害者の利用上支障がないものとして国土交通大臣が定める場合は，この限りでない。
四　戸を設ける場合には，自動的に開閉する構造その他の車いす使用者が容易に開閉して通過できる構造とし，かつ，その前後に高低差がないこと。
五　側面に廊下等に向かって開く戸を設ける場合には，当該戸の開閉により高齢者，障害者等の通行の安全上支障がないよう必要な措置を講ずること。
六　不特定かつ多数の者が利用し，又は主として視覚障害者が利用する廊下等に突出物を設けないこと。ただし，視覚障害者の通行の安全上支障が生じないよう必要な措置を講じた場合は，この限りでない。
七　高齢者，障害者等の休憩の用に供する設備を適切な位置に設けること。
2　前項第一号及び第四号の規定は，車いす使用者の利用上支障がないものとして国土交通大臣が定める廊下等の部分には，適用しない。

（階段）

第4条　多数の者が利用する階段は，次に掲げるものとしなければならない。
一　幅は，140センチメートル以上とすること。ただし，手すりが設けられた場合にあっては，手すりの幅が10センチメートルを限度として，ないものとみなして算定することができる。
二　けあげの寸法は，16センチメートル以下とすること。
三　踏面の寸法は，30センチメートル以上とすること。
四　踊場を除き，両側に手すりを設けること。
五　表面は，粗面とし，又は滑りにくい材料で仕上げること。
六　踏面の端部とその周囲の部分との色の明度，色相又は彩度の差が大きいことにより段を容易に識別できるものとすること。
七　段鼻の突き出しその他のつまずきの原因となるものを設けない構造とすること。
八　段がある部分の上端に近接する踊場の部分（不特定かつ多数の者が利用し，又は主として視覚障害者が利用するものに限る。）には，点状ブロック等を敷設すること。ただし，視覚障害者の利用上支障がないものとして国土交通大臣が定める場合は，この限りでない。
九　主たる階段は，回り階段でないこと。

（傾斜路又はエレベーターその他の昇降機の設置）

第5条　多数の者が利用する階段を設ける場合には，階段に代わり，又はこれに併設する傾斜路又はエレベーターその他の昇降機（2以上の階にわたるときには，第7条に定めるものに限る。）を設けなければならない。ただし，車いす使用者の利用上支障がないものとして国土交通大臣が定める場合は，この限りでない。

（階段に代わり，又はこれに併設する傾斜路）

第6条　多数の者が利用する傾斜路（階段に代わり，又はこれに併設するものに限る。）は，次に掲げるものでなければならない。
一　幅は，階段に代わるものにあっては150センチメートル以上，階段に併設するものにあっては120センチメートル以上とすること。
二　勾配は，12分の1を超えないこと。

三 高さが75センチメートルを超えるものにあっては，高さ75センチメートル以内ごとに踏幅が150センチメートル以上の踊場を設けること。
四 高さが16センチメートルを超える傾斜がある部分には，両側に手すりを設けること。
五 表面は，粗面とし，又は滑りにくい材料で仕上げること。
六 その前後の廊下等との色の明度，色相又は彩度の差が大きいことによりその存在を容易に識別できるものとすること。
七 傾斜がある部分の上端に近接する踊場の部分（不特定かつ多数の者が利用し，又は主として視覚障害者が利用するものに限る。）には，点状ブロック等を敷設すること。ただし，視覚障害者の利用上支障がないものとして国土交通大臣が定める場合は，この限りでない。
2 前項第一号から第三号までの規定は，車いす使用者の利用上支障がないものとして国土交通大臣が定める傾斜路の部分には，適用しない。この場合において，勾配が12分の1を超える傾斜がある部分には，両側に手すりを設けなければならない。

（エレベーター）
第7条 多数の者が利用するエレベーター（次条に規定するものを除く。以下この条において同じ。）を設ける場合には，第一号及び第二号に規定する階に停止するかごを備えたエレベーターを，第一号に規定する階ごとに1以上設けなければならない。
一 多数の者が利用する居室，車いす使用者用便房，車いす使用者用駐車施設，車いす使用者用客室又は第13条第一号に規定する車いす使用者用浴室等がある階
二 直接地上へ通ずる出入口のある階
2 多数の者が利用するエレベーター及びその乗降ロビーは，次に掲げるものでなければならない。
一 かご及び昇降路の出入口の幅は，80センチメートル以上とすること。
二 かごの奥行きは，135センチメートル以上とすること。
三 乗降ロビーは，高低差がないものとし，その幅及び奥行きは，150センチメートル以上とすること。
四 かご内に，かごが停止する予定の階及びかごの現在位置を表示する装置を設けること。
五 乗降ロビーに，到着するかごの昇降方向を表示する装置を設けること。
3 第一項の規定により設けられた多数の者が利用するエレベーター及びその乗降ロビーは，前項に定めるもののほか，次に掲げるものでなければならない。
一 かごの幅は，140センチメートル以上とすること。
二 かごは，車いすの転回に支障がない構造とすること。
三 かご内及び乗降ロビーには，車いす使用者が利用しやすい位置に制御装置を設けること。
4 不特定かつ多数の者が利用するエレベーターは，第二項第一号，第二号及び第四号並びに前項第一号及び第二号に定めるものでなければならない。
5 第一項の規定により設けられた不特定かつ多数の者が利用するエレベーター及びその乗降ロビーは，第二項第二号，第四号及び第五号並びに第三項第二号及び第三号に定めるもののほか，次に掲げるものでなければならない。
一 かごの幅は，160センチメートル以上とすること。
二 かご及び昇降路の出入口の幅は，90センチメートル以上とすること。
三 乗降ロビーは，高低差がないものとし，その幅及び奥行きは，180センチメートル以上とすること。
6 第一項の規定により設けられた不特定かつ多数の者が利用し，又は主として視覚障害者が利用するエレベーター及びその乗降ロビーは，第三項又は前項に定めるもののほか，次に掲げるものでなければならない。ただし，視覚障害者の利用上支障がないものとして国土交通大臣が定める場合は，この限りでない。
一 かご内に，かごが到着する階並びにかご及び昇降路の出入口の戸の閉鎖を音声により知らせる装置を設けること。
二 かご内及び乗降ロビーに設ける制御装置（車いす使用者が利用しやすい位置及びその他の位置に制御装置を設ける場合にあっては，当該その他の位置に設けるものに限る。）は，点字その他国土交通大臣が定める方法により視覚障害者が円滑に操作することができる構造とすること。
三 かご内又は乗降ロビーに，到着するかごの昇降方向を音声により知らせる装置を設けること。

（特殊な構造又は使用形態のエレベーターその他の昇降機）
第8条 階段又は段に代わり，又はこれに併設する国土交通大臣が定める特殊な構造又は使用形態のエレベーターその他の昇降機は，車いす使用者が円滑に利用できるものとして国土交通大臣が定める構造としなければならない。

（便所）
第9条 多数の者が利用する便所は，次に掲げるものでなければならない。
一 多数の者が利用する便所（男子用及び女子用の区別があるときは，それぞれの便所）が設けられている階ごとに，当該便所のうち1以上に，車いす使用者用便房及び高齢者，障害者等が円滑に利用することができる構造の水洗器具を設けた便房

を設けること。
二　多数の者が利用する便所が設けられている階の車いす使用者用便房の数は，当該階の便房（多数の者が利用するものに限る。以下この号において同じ。）の総数が200以下の場合は当該便房の総数に50分の1を乗じて得た数以上とし，当該階の便房の総数が200を超える場合は当該便房の総数に100分の1を乗じて得た数に2を加えた数以上とすること。
三　車いす使用者用便房及び当該便房が設けられている便所の出入口は，次に掲げるものであること。
　イ　幅は，80センチメートル以上とすること。
　ロ　戸を設ける場合には，自動的に開閉する構造その他の車いす使用者が容易に開閉して通過できる構造とし，かつ，その前後に高低差がないこと。
四　多数の者が利用する便所に車いす使用者用便房が設けられておらず，かつ，当該便所に近接する位置に車いす使用者用便房が設けられている便所が設けられていない場合には，当該便所内に腰掛便座及び手すりの設けられた便房を1以上設けること。
2　多数の者が利用する男子用小便器のある便所が設けられている階ごとに，当該便所のうち1以上に，床置式の小便器，壁掛式の小便器（受け口の高さが35センチメートル以下のものに限る。）その他これらに類する小便器を1以上設けなければならない。
（ホテル又は旅館の客室）
第10条　【略】
（敷地内の通路）
第11条　多数の者が利用する敷地内の通路は，次に掲げるものでなければならない。
一　段がある部分及び傾斜路を除き，幅は，百八十センチメートル以上とすること。
二　表面は，粗面とし，又は滑りにくい材料で仕上げること
三　戸を設ける場合には，自動的に開閉する構造その他の車いす使用者が容易に開閉して通過できる構造とし，かつ，その前後に高低差がないこと。
四　段がある部分は，次に掲げるものであること。
　イ　幅は，140センチメートル以上とすること。ただし，手すりが設けられた場合にあっては，手すりの幅が10センチメートルを限度として，ないものとみなして算定することができる。
　ロ　けあげの寸法は，16センチメートル以下とすること。
　ハ　踏面の寸法は，30センチメートル以上とすること。
　ニ　両側に手すりを設けること。
　ホ　踏面の端部とその周囲の部分との色の明度，色相又は彩度の差が大きいことにより段を容易に識別できるものとすること。
　ヘ　段鼻の突き出しその他のつまずきの原因となるものを設けない構造とすること。
五　段を設ける場合には，段に代わり，又はこれに併設する傾斜路又はエレベーターその他の昇降機を設けなければならない。
六　傾斜路は，次に掲げるものであること。
　イ　幅は，段に代わるものにあっては150センチメートル以上，段に併設するものにあっては120センチメートル以上とすること。
　ロ　勾配は，15分の1を超えないこと。
　ハ　高さが75センチメートルを超えるもの（勾配が二十分の一を超えるものに限る。）にあっては，高さ75センチメートル以内ごとに踏幅が150センチメートル以上の踊場を設けること。
　ニ　高さが16センチメートルを超え，かつ，勾配が20分の1を超える傾斜がある部分には，両側に手すりを設けること。
　ホ　その前後の通路との色の明度，色相又は彩度の差が大きいことによりその存在を容易に識別できるものとすること。
2　多数の者が利用する敷地内の通路（道等から直接地上へ通ずる出入口までの経路を構成するものに限る。）が地形の特殊性により前項の規定によることが困難である場合においては，同項第一号，第三号，第五号及び第六号イからハまでの規定は，当該敷地内の通路が設けられた建築物の車寄せから直接地上へ通ずる出入口までの敷地内の通路の部分に限り，適用する。
3　第一項第一号，第三号，第五号及び第六号イからハまでの規定は，車いす使用者の利用上支障がないものとして国土交通大臣が定める敷地内の通路の部分には，適用しない。この場合において，勾配が十二分の一を超える傾斜がある部分には，両側に手すりを設けなければならない。
（駐車場）
第12条　多数の者が利用する駐車場には，当該駐車場の全駐車台数が二百以下の場合は当該駐車台数に50分の1を乗じて得た数以上，全駐車台数が200を超える場合は当該駐車台数に100分の1を乗じて得た数に2を加えた数以上の車いす使用者用駐車施設を設けなければならない。
（浴室等）
第13条　【略】
（標識）
第14条　移動等円滑化の措置がとられたエレベーターその他の昇降機，便所又は駐車施設の付近には，それぞれ，当該エレベーターその他の昇降機，便所又は駐車施設があることを表示する標識を，高齢者，障害者等の見やすい位置に設けなければならない。
2　前項の標識は，当該標識に表示すべき内容が容易に識別できるもの（当該内容が日本工業規格Z8210

に定められているときは，これに適合するもの）でなければならない。
（案内設備）
第15条　建築物又はその敷地には，当該建築物又はその敷地内の移動等円滑化の措置がとられたエレベーターその他の昇降機，便所又は駐車施設の配置を表示した案内板その他の設備を設けなければならない。ただし，当該エレベーターその他の昇降機，便所又は駐車施設の配置を容易に視認できる場合は，この限りでない。
2　建築物又はその敷地には，当該建築物又はその敷地内の移動等円滑化の措置がとられたエレベーターその他の昇降機又は便所の配置を点字その他国土交通大臣が定める方法により視覚障害者に示すための設備を設けなければならない。
3　案内所を設ける場合には，前二項の規定は適用しない。
（案内設備までの経路）
第16条　道等から前条第二項の規定による設備又は同条第三項の規定による案内所までの主たる経路（不特定かつ多数の者が利用し，又は主として視覚障害者が利用するものに限る。）は，視覚障害者移動等円滑化経路にしなければならない。ただし，視覚障害者の利用上支障がないものとして国土交通大臣が定める場合は，この限りでない。
（増築等又は修繕等に関する適用範囲）
第17条　建築物の増築若しくは改築（用途の変更をして特定建築物にすることを含む。以下「増築等」という。）又は建築物の修繕若しくは模様替（建築物特定施設に係るものに限る。以下「修繕等」という。）をする場合には，第2条から前条までの規定は，次に掲げる建築物の部分に限り，適用する。
一　当該増築等又は修繕等に係る部分
二　道等から前号に掲げる部分までの1以上の経路を構成する出入口，廊下等，階段，傾斜路，エレベーターその他の昇降機及び敷地内の通路
三　多数の者が利用する便所のうち1以上のもの
四　第一号に掲げる部分から車いす使用者用便房（前号に掲げる便所に設けられるものに限る。）までの1以上の経路を構成する出入口，廊下等，階段，傾斜路，エレベーターその他の昇降機及び敷地内の通路
五　ホテル又は旅館の客室のうち1以上のもの
六　第一号に掲げる部分から前号に掲げる客室までの1以上の経路を構成する出入口，廊下等，階段，傾斜路，エレベーターその他の昇降機及び敷地内の通路
七　多数の者が利用する駐車場のうち1以上のもの
八　車いす使用者用駐車施設（前号に掲げる駐車場に設けられるものに限る。）から第一号に掲げる部分までの1以上の経路を構成する出入口，廊下等，階段，傾斜路，エレベーターその他の昇降機及び敷地内の通路
九　多数の者が利用する浴室等
十　第一号に掲げる部分から車いす使用者用浴室等（前号に掲げるものに限る。）までの1以上の経路を構成する出入口，廊下等，階段，傾斜路，エレベーターその他の昇降機及び敷地内の通路
2　前項第三号に掲げる建築物の部分について第9条の規定を適用する場合には，同条第一項第一号中「便所（男子用及び女子用の区別があるときは，それぞれの便所）が設けられている階ごとに，当該便所のうち1以上に，」とあるのは「便所（男子用及び女子用の区別があるときは，それぞれの便所）に，」と，同項第二号中「便所が設けられている階の」とあるのは「便所の」と，「当該階の」とあるのは「当該便所の」と，同条第二項中「便所が設けられている階ごとに，当該便所のうち」とあるのは「便所を設ける場合には，そのうち」とする。
3　第一項第五号に掲げる建築物の部分について第十条の規定を適用する場合には，同条中「客室の総数が200以下の場合は当該客室の総数に50分の1を乗じて得た数以上，客室の総数が200を超える場合は当該客室の総数に100分の1を乗じて得た数に2を加えた数以上」とあるのは「1以上」とする。
4　第一項第七号に掲げる建築物の部分について第12条の規定を適用する場合には，同条中「当該駐車場の全駐車台数が200以下の場合は当駐車台数に50分の1を乗じて得た数以上，全駐車台数が200を超える場合は当該駐車台数に100分の1を乗じて得た数に2を加えた数以上」とあるのは「1以上」とする。
（特別特定建築物に関する読替え）
第18条　特別特定建築物における第2条から前条まで（第3条第一項第三号及び第六号，第4条第八号，第6条第一項第七号，第7条第四項から第六項まで，第10条第二項並びに第16条を除く。）の規定の適用については，これらの規定（第2条第一項及び第7条第三項を除く。）中「多数の者が利用する」とあるのは「不特定かつ多数の者が利用し，又は主として高齢者，障害者等が利用する」と，第2条第一項中「多数の者が利用する出入口（次項に規定するもの並びにかご，昇降路，便所」とあるのは「不特定かつ多数の者が利用し，又は主として高齢者，障害者等が利用する出入口（次項に規定するもの並びにかご，昇降路，便所，車いす使用者用客室」と，第7条第三項中「多数の者が利用する」とあるのは「主として高齢者，障害者等が利用する」と，前条中「特定建築物」とあるのは「特別特定建築物」とする。

資料6 図書館における RFID 導入のためのガイドライン

2010年7月14日

国公私立大学図書館協力委員会，㈳全国学校図書館協議会，全国公共図書館協議会，専門図書館協議会，㈳日本図書館協会

〈前文〉

このガイドラインは，RFID の導入に際し，図書館が留意すべき点を示すものである。ガイドライン本文として基本的な考え方を示し，実務上の具体的留意点については，添付の解説に示す。なお，個人情報保護については，法令および各機関の定める規則に則って適切に行われていることを前提とする。

1) 記録する情報についての考え方

RFID は次世代バーコードなどとも呼称されるように，個体識別コードとしての役割がその主たる用途である。

RFID における個体識別がバーコードと異なり，一自治体や一機関の内部における識別性にとどまらず，国内，あるいはそれを超えて世界での個体識別に至る水準であること，RFID が図書館資料のみならず生活全般に普及する可能性を有することを考慮すると，関係国際規格，国内規格の動向を注視し，これらに則する配慮が欠かせない。

また，記憶容量が大きいタグについては，個体識別コード以外の付加的な情報を記録することも可能であるが，RFID の使用および標準化の進展により IC タグの読み取りが容易になると，その記録内容を知りうる人は多くなる。それゆえ，今後 RFID の導入を考える図書館は，資料の内容に容易に結びつく情報を IC タグに記録することは避けるべきである。

2) プライバシー保護についての考え方

図書館資料の利用によって生じるさまざまな情報は，利用者の思想信条や病歴の推定などに結びつく可能性もある高度にセンシティブなプライバシー情報を含むものである。これまでも図書館では，「図書館の自由に関する宣言」にみられるような基本姿勢の下，利用者と資料の結びつきが第三者の知りうるものとならないよう配慮を重ねてきた。

RFID はバーコードと異なり，本人の認識なしに第三者によって読み取られる可能性があり，プライバシーの侵害が危惧されている。このため，導入図書館はタグに記録する情報，保護手段，システムの安全性などについて十分な対策をとる責務を負う。

3) 運用についての考え方

RFID を導入した図書館は，RFID を使用していることを図書館内の掲示などの手段により利用者に周知しなければならない。また，健康への影響について十分配慮し，RFID に関する正確な情報を利用者に提供することが望ましい。

図書館における RFID 導入のためのガイドライン解説

2010年7月14日

〈前文〉

用語について

RFID（Radio Frequency IDentification）は，無線を用いた識別技術を示す。一般的な用語としては「IC タグ」が使われ，官庁用語としては「電子タグ」が使用されている。本ガイドラインでは，仕組みを指す場合「RFID」を，個々に貼付される IC タグを指す場合は「タグ」を用いる。

電子タグに関するプライバシー保護

2004年6月8日，総務省と経済産業省が共同で「電子タグに関するプライバシー保護ガイドライン」を策定した。

(http://www.meti.go.jp/policy/it_policy/tag/privacy-gaid.pdf)

これは RFID の活用と消費者のプライバシーの保護について，業種間に共通する基本的事項を明らかにしたものである。

主な内容は，

① タグが装着されていることを消費者にきちんと知らせること
② 消費者にタグの読み取りをできないようにするための方法を知らせること
③ 消費者にタグの読み取りをできないようにすることによって生じる不利益を知らせること
④ タグに記録された情報とコンピュータに保存されている情報を容易に連携して用いることができ，特定の個人を識別できる時には，RFID 上の情報は個人情報保護法上の個人情報として扱うことである。

「電子タグに関するプライバシー保護ガイドライン」では，タグが装着された物品の所有者（消費者）が携帯者となる場面を前提としている。しかし，図書館では，タグが装着された物品の所有者（図書館）と携帯者（利用者）が異なるため，②のように利用者にタグの読み取りを防止する方法を知らせることは，必ずしも望ましくない。このような事情を鑑み，図書館における導入ガイドラインの策定を行う次第である。

1) 記録する情報についての考え方

個体識別コードについて

現在，図書館資料の個体識別コードとして考えられるものは，次の3種である。

① 各電算システム内で一意である，バーコード等で表現されていた ID
② 上記 ID に機関コードを加えて機関外での一意性を担保したコード
③ RFID のメーカが記録したチップ自体の個体コード（UID, TID などと呼称）

これらについては図書館システムが適切に保護され

ていれば，ほとんど問題を発生させない。
その他の情報について

　タイトル，著者名，出版社，分類，ISBN（国際標準図書番号）等の書誌情報を記録している場合は，適切な保護手段を考慮する必要がある。一方で，個人情報や携帯者との結びつきがない情報，例えば，図書館内での所在位置を示す棚情報，貸出回数，最終利用年月日などは通常プライバシーに関わることがないので，それほど神経質に考える必要はない。
保護手段について

　保護手段とは，情報の読み取りを，許可されないリーダが行えないもしくは行いにくい仕組みをいう。現時点で考えられる技術的保護手段には，暗号化，読み取りロック（読み取りパスワードを知っているリーダでしか読めない），通信距離制限（一定の処理を行うことによって一時的に通信可能距離を極端に短くし読み取りしづらくする）などである。

　しかし現時点では，強固な暗号化の仕組みは高価なチップにしか搭載されておらず，また読み取りロックと通信距離制限は特定のチップに限定されており，これらのチップを使ったタグが図書館で広く採用されている訳ではない。

　なお，現状では，特定メーカのタグの記録内容を読むためには特定のリーダが必要な場合もあり，情報の漏洩を防止するという点では一定の効果がある。
通信距離について

　RFIDの通信距離は周波数により異なる。図書館で現在一般的に用いられている13.56MHz帯のRFIDの場合50cm程度であり，UHF帯のRFIDは数メートルである。UHF帯のRFIDの中には大幅な通信距離制限を行う機能を有しているものもある。

　通信距離はタグの機能にも依存するが，リーダの出力にも左右される。きわめて強力なリーダを用いれば上記の距離を超えてタグに記録された情報を読み取ることも可能である。しかし，こうしたものを登録した基地局以外の場所で使用することは電波法に違反する。明らかな違法行為は法によって対処されるべきであり，このガイドラインで対処法について言及することはしない。
規格について

　規格に則ることにより，例えばILL（図書館間相互協力）などの場面で，RFIDが持つ機能を生かした相互運用の可能性が高まることや，広く社会においてRFIDによる物品の識別が可能になった際の混乱を回避するといったメリットが生じる。それゆえ，現在，図書館関係の諸団体および国立国会図書館が集まり，図書館におけるRFID使用の規格を検討しており，出版界も日本出版インフラセンターが図書館も含めた出版関連業界における規格を検討している。しかし，いずれも国際規格との関係でいまだ結論には至っていない。

　RFID導入館がまだ少数であり，ILLの仕組みに組み込まれていないという状況であり，各館が独自のルールでRFIDを用いても特段の不都合が生じていないため，現時点では規格確定の必要性が強く要望されるという状況には至っていない。

　一方で，タグと同じ機能を持つ，スポーツクラブの会員カードが導入図書館のゲートで図書館側の意図に反して感知されるといった問題が発生していることも事実である。今後RFIDが普及した時期に識別規格が整っていないと，このような問題が頻発するのではないかと懸念されている。その際に図書館が非正当な使用，無理な使用を非難されないよう，関係規格の動向に十分配慮し，かつ図書館界としての標準化を推進すべきである。

2）プライバシー保護についての考え方
RFIDの特性

　RFIDのシステムはタグ上に記録された情報を電磁的に読み取るため，バーコードとは異なり，情報を読み取られてもタグが装着された物品の携帯者は気がつかない。読み取りは携帯者が移動している最中であっても，また周波数帯によっては数メートル離れたところからであっても可能であり，一部の利用者がプライバシー暴露を懸念する要因となっている。それゆえ，図書館においてはこれまでのバーコードと異なる対応を考慮しなければならない。
危惧されるプライバシー問題の種類

　危惧されているプライバシー問題を区分すると，大きくコンテンツ・プライバシーとロケーション・プライバシーとに分けられる。コンテンツ・プライバシーは，タグが装着されている物品により示される思想，嗜好，価格，個人を特定できる事項等を，その携帯者と結びつけることによって得られる情報に関するものである。図書館に即していえば，ISBNやタイトル，利用者姓名などがこれに該当する。これについては，タグに記録する情報を限定したり，適切な保護手段を講じることにより問題の発生を回避できる。

　ロケーション・プライバシーは，情報の内容にかかわらず，特定のコードを追跡することによって得られる，タグの携帯者の行動範囲などの情報に関するものである。

　当ガイドラインでは，ロケーション・プライバシーについては，考慮しないこととする。なぜならこれはタグが装着された物品を市民が常に携帯している，あるいは身に付けていることが前提となるが，短期の借用資料はこの前提に該当しにくいからである。

3）運用についての考え方
RFID利用の表示

　総務省の「電子タグに関するプライバシー保護ガイドライン」では，物品に電子タグが装着されていることを掲示，説明などするよう求めている。総務省のガイドラインが想定している場面は，図書館でのRFID

の使用と必ずしも適合するものではないが，使用について周知する必要性までもがなくなるわけではない。RFIDの使用により，利用者が自らのプライバシー保護に疑念を抱くことのないよう，図書館として適切に対応しなくてはならない。

利用者への周知方法としては，「この館はRFIDを利用した図書管理を行っています」などの告知文を利用者の目に付く場所に掲示することなどが考えられる。
健康への影響

総務省では，各種の電波利用機器から発射される電波が植込み型医療機器へ及ぼす影響についての調査を実施しており，RFID機器においても必ずしも安全ではないと報告している。

（http://www.tele.soumu.go.jp/j/sys/ele/medical/cyousa/index.htm）

そして，それを受ける形で「各種電波利用機器の電波が植込み型医療機器へ及ぼす影響を防止するための指針」を定めている。

（http://www.tele.soumu.go.jp/resource/j/ele/medical/eikyowobousi.pdf）

指針の中では各RFID機器と植込み型医療機器との距離について指示がなされている。一例を示すと，「植込み型医療機器の装着者は，ゲートタイプRFID機器が設置されている場所及びRFIDステッカが貼付されている場所では，立ち止まらずに通路の中央をまっすぐに通過すること。」などである。

また，（社）日本自動認識システム協会は，総務省による上記の指針に対応して，「RFID機器運用ガイドライン（医療機器等への影響に関する対応策）」を制定し，RFID機器を取り扱う業者に対し，機器へのステッカ貼付を行うことなどを指導している。

（http://www.jaisa.jp/guideline/pdfs/medicalinst_guideline.pdf）

図書館においては，上記の指針の改訂等に留意して最新の情報を入手し，職員に対してこの問題についての周知徹底をはかるとともに，利用者に対して注意喚起を行うべきである。

資料7　公共サービス基本法

（平成21年5月20日法律第40号）

第1章　総則

（目的）

第1条　この法律は，公共サービスが国民生活の基盤となるものであることにかんがみ，公共サービスに関し，基本理念を定め，及び国等の責務を明らかにするとともに，公共サービスに関する施策の基本となる事項を定めることにより，公共サービスに関する施策を推進し，もって国民が安心して暮らすことのできる社会の実現に寄与することを目的とする。

（定義）

第2条　この法律において「公共サービス」とは，次に掲げる行為であって，国民が日常生活及び社会生活を円滑に営むために必要な基本的な需要を満たすものをいう。

一　国（独立行政法人（独立行政法人通則法（平成11年法律第103号）第2条第1項に規定する独立行政法人をいう。）を含む。第11条を除き，以下同じ。）又は地方公共団体（地方独立行政法人（地方独立行政法人法（平成15年法律第118号）第2条第1項に規定する地方独立行政法人をいう。）を含む。第11条を除き，以下同じ。）の事務又は事業であって，特定の者に対して行われる金銭その他の物の給付又は役務の提供

二　前号に掲げるもののほか，国又は地方公共団体が行う規制，監督，助成，広報，公共施設の整備その他の公共の利益の増進に資する行為

（基本理念）

第3条　公共サービスの実施並びに公共サービスに関する施策の策定及び実施（以下「公共サービスの実施等」という。）は，次に掲げる事項が公共サービスに関する国民の権利であることが尊重され，国民が健全な生活環境の中で日常生活及び社会生活を円滑に営むことができるようにすることを基本として，行われなければならない。

一　安全かつ良質な公共サービスが，確実，効率的かつ適正に実施されること。

二　社会経済情勢の変化に伴い多様化する国民の需要に的確に対応するものであること。

三　公共サービスについて国民の自主的かつ合理的な選択の機会が確保されること。

四　公共サービスに関する必要な情報及び学習の機会が国民に提供されるとともに，国民の意見が公共サービスの実施等に反映されること。

五　公共サービスの実施により苦情又は紛争が生じた場合には，適切かつ迅速に処理され，又は解決されること。

（国の責務）

第4条　国は，前条の基本理念（以下「基本理念」という。）にのっとり，国民生活の安定と向上のために国が本来果たすべき役割を踏まえ，公共サービスに関する施策を策定し，及び実施するとともに，国に係る公共サービスを実施する責務を有する。

（地方公共団体の責務）

第5条　地方公共団体は，基本理念にのっとり，公共サービスの実施等に関し，国との適切な役割分担を踏まえつつ，その地方公共団体の実情に応じた施策を策定し，及び実施するとともに，地方公共団体に係る公共サービスを実施する責務を有する。

（公共サービスの実施に従事する者の責務）

第6条　公共サービスの実施に従事する者は，国民の

立場に立ち，責任を自覚し，誇りを持って誠実に職務を遂行する責務を有する。
（必要な措置）
第7条　政府は，この法律の目的を達成するため，必要な措置を講ずるよう努めるものとする。

第2章　基本的施策

（公共サービスを委託した場合の役割分担と責任の明確化）
第8条　国及び地方公共団体は，公共サービスの実施に関する業務を委託した場合には，当該公共サービスの実施に関し，当該委託を受けた者との間で，それぞれの役割の分担及び責任の所在を明確化するものとする。

（国民の意見の反映等）
第9条　国及び地方公共団体は，公共サービスに関する施策の策定の過程の透明性を確保し，及び公共サービスの実施等に国民の意見を反映するため，公共サービスに関する情報を適時かつ適切な方法で公表するとともに，公共サービスに関し広く国民の意見を求めるために必要な措置を講ずるものとする。

2　国及び地方公共団体は，前項の国民の意見を踏まえ，公共サービスの実施等について不断の見直しを行うものとする。

（公共サービスの実施に関する配慮）
第10条　国及び地方公共団体は，公共サービスの実施が公共サービスによる利益を享受する国民の立場に立ったものとなるよう，配慮するものとする。

（公共サービスの実施に従事する者の労働環境の整備）
第11条　国及び地方公共団体は，安全かつ良質な公共サービスが適正かつ確実に実施されるようにするため，公共サービスの実施に従事する者の適正な労働条件の確保その他の労働環境の整備に関し必要な施策を講ずるよう努めるものとする。

附　則
　この法律は，公布の日から起算して6月を超えない範囲内において政令で定める日から施行する。

索　引

AVスペース　40
BDS　31,32,40,60,91
ICタグ　47,60
　　──型　52
ICチップ　91
NHKアーカイブセンター　10
PFI（Private Finance Initiative）　7,92,94
　　──事業計画　93
QBS方式　22
RFID（Radio Frequency Identification）　32,91
　　──タグ　91
STB（Set Top Box）　41
VOD（Video On Demand）　41

|あ|

足立区立中央図書館　69
暗号化　92
安全開架方式　47
アンチウィルスソフト　41
案内　53
椅子　50,51,81
一階型　63
移動式集密書架　46
移動図書館　12,13
移動図書館車関連設備　33
茨城県立図書館　73
色温度　56
インターネット接続　42
　　──環境　41
インターネット端末　41
インフォメーションコモンズ　9
衛星的構成　14
閲覧スペース　81
閲覧席　36,37
閲覧机　81
演光性　56
音　81
お話し会　39
オンラインデータベース　41

|か|

「開延長」ボタン　34
開架閲覧室　32

開架閲覧スペース　36
開架書架　81
開架スペース　43
外部委託　7
カウンター　30,31,51,81
　　──位置　31
　　──の種類　31
　　──配置　32
学習情報センター　9
学習等共用施設　13
火災報知機　58
貸出カウンター　51,52
風除室　30
学校図書館　9
　　──施設基準　9
加点項目　23,88
カバリエ投影　78,79
間接照明　56,57
企画　18
危機管理マニュアル　7
既存施設の用途変更　18
機能上の要件　27
規模計画　12
キャレル　36
　　──席　69
休息時間　33
教育委員会　7
行政改革　26
局所照明　56
空調　81
　　──器　57
　　──計画　57
区民席　69
計画　18,19
　　──委員会　18
軽読書スペース　36
ゲート　32
玄関ホール　30
検索機　53
原単位法　27,28
建築基準法　18,27,45,58,98
建築基準法施行令　27,58,101
建築　18
　　──設計　77
　　──計画書　19

恒温・高湿　45,46
公共サービス基本法　93,116
公共事業の品質確保の促進に関する法律　23
公共図書館　8,43
光色　56
公民館　65
高齢者施設　65
国際子ども図書館　8
国立公文書館　10
国立国会図書館　8
国立図書館　8
国立メディア芸術総合センター　10
コンペ　22,23,86,94

|さ|

再生機器　40
サイン計画　34,49,53
作業スペース　33
サービス対象人口　16,17
サービス目標　18
　　──水準　13
磁気テープ　32,91
　　──型　52
識別　53
磁気方式　60
資質評価方式　22
自習室　42
自習スペース　42
司書教諭　9
地震対策　50
指示　53
視聴覚資料コーナー　40
視聴覚資料　40
視聴覚スペース　40
質の高い建築設計の実現を目指して　107
執務スペース　33
指定管理者　93,94
　　──制度　7,93,94
　　──の指定　93
児童閲覧室　39
児童閲覧スペース　39
自動貸出機　52
児童館　65
児童サービス　39
自動式の書庫　47
児童スペース　81
自動搬送システム　47
自動返却機　52
渋谷区立中央図書館　68
事務室　32,33

事務スペース　81
社会教育調査　6,67,93
社会的波及成果　25
斜投影　78
　　──図　78
周囲との調和　25
集会室　30,32
自由席　69
収蔵冊数　38
収蔵率　46
収蔵力　46
収納効率　45,46
集密書架　46
主投影図　77
生涯学習施設　6
生涯学習センター　65,69,71
情報コンセント　51
照明　56,81
　　──基準総則　56
正面図　77
書架　49
　　──間隔　28,38
　　──と照明　56
　　──の高さ　38
　　──レイアウト　37,38
初期故障　90
職員エリア　28
職員動線　28,31
職員の労働条件　94
書庫　43,44,81
　　──カウンター　48
　　──の設計　45
書棚　50
調べ学習　9
資料動線　28
新築　18
新聞・雑誌スペース　40
出納方式　43
水平図面　77
図学　77
スタッフラウンジ　33
スプリンクラー　59
スポットクーラー　52
生活関連施設　65
生活中心　14
生活動線　15
積層書庫　45
積層式書架　44,45
施工　18,19
設計　18,19

――案　22
設計競技　22,23,86,94
設計者　22
　　　――の選定　21
設計図　19
設計図面　77
設計入札　22
説明　53
全国学校図書館協議会　9
全体構想　6
全般照明　56
専門図書館　10,12,43
総貸出冊数　17
総合評価落札方式　23,86,87
相互協力　12
倉庫　33
蔵書回転率　28
蔵書新鮮度　16,17
蔵書の盗難　60
増築　18,45
ゾーニング　28,29
ソファ　36

| た |
第一線図書館　8
大学設置基準　9
大学図書館　9,12,21
大学の中期計画　80
耐火建築　27
大規模の修繕　18,30,90,91
大規模の模様替　18,30
対向型　32
多心構成　14
縦型書庫　44,45
探究活動　9
単心構成　14
地域活性化　62
地域中心館　13
地域づくり　62
地域図書館　8,16,21,26,34
地下書庫　45
逐次施工　21
地図方式　54
窒素ガス　59
地方自治法　93
　　　――施行令　23
中央館　12,13,16
中央図書館　8,9,21,41
中間階型　64
駐車場　34

駐輪場　34
直接照明　56
直通階段　58
地理的要件　26
机　50,51
積み上げ法　27
適正規模　25
電子ジャーナル　9
点字ブロック　34
電動書架　46
展列型の書架　50
ドアチャイム　34
投影　77
　　　――面　77
盗撮　60
動線　28,29
　　　――計画　28,29
盗難　60
読書量　16
特命方式　22
図書館受持率　15,16
図書館運営　6
図書館家具　49
図書館基本計画書　12,18
図書館基本構想　12
図書館計画書　13,76,80,91
図書館建築基準に関する報告　21
図書館サービス　8,19,90
　　　――計画書　19
　　　――の維持　90
　　　――網計画　13
図書館システム　12,80
図書館設置率　8,67
図書館地域計画　13,80
図書館としての要件　26
図書館におけるRFID導入のためのガイドライン
　　92,114
図書館ネットワーク　12
図書館の設置及び運営上の望ましい基準　7
図書館の耐用年数　90
図書館配置計画　13
図書館犯罪　60

| な |
内装材の不燃化　59
2心構成　14
2段カウンター　52
日常的な災害　58
年間購入冊数　16
納本制度　8

ノーチェックゾーン　32

| は |
配置計画　12
ハイブリッド図書館　7
バーコード　91
　　──型　52
柱　81
パソコン専用スペース　59
破損行為　60
バーチャル図書館　80
　　──の設計　80
　　──の評価　86
発注仕様書　19
バリアフリー化基準　110
バリアフリー対応　73
バリアフリー法　30
ハロンガス　59
ハンディスキャナ　91
引渡　18,19
非常災害　58
必須項目　23,88
避難階段　58
避難経路　58,66
日野市立図書館基本計画の構成　96
ヒーター　52
複合化　62
複合館　62
複合施設　26,34
ブックトーク　39
ブックトラック　33
ブックポスト　34,35
フリーアクセスフロア　33
振り返り型　32
プロポーザル方式　22,23,86,94,107
分割法　27,28
分館　9,12
閉架書庫　43,58
閉架方式　47
併設館　62-64
並列型　64
別棟型　63
保育所　65
放火　60
防火区画　27,58
防火設備　58
法規的な要件　26,27
方向指示型　54
暴行　60
防災　26,66

　　──計画　58,81
放送大学　69
防犯カメラ　60
訪問者動線　28,30
保存図書館　10
本館　9

| ま |
間貸し型　64
間借り型　64
町田市立中央図書館　71
学びピア21　69
右側図面　77
ミリタリ投影　78,79
無線LAN　42
無停電電源装置　59
メディアセンター　9
面的な表示　54
目標貸出冊数　16
目録カード　47
模様替　18
文書館　10
問題利用者　60

| や |
矢印方式　54
有効高さ　49
優先使用権　34
誘導　53
ユニバーサルデザイン　30,32,33,54
抑止力　60
横型書庫　44,45
横向き型　32
予防保守　90
読み聞かせ　39
読み取り距離の制限　92
予約機　53

| ら |
ラーニングコモンズ　9,21
利用圏域　14,15
　　──モデル図　15
利用効率　45,46
利用者エリア　28
利用者動線　28,31,32
レファレンスカウンター　52
レファレンス室　39
レファレンススペース　39,40,42
レファレンスデスク　40
労働基準法　33

＜監修＞

二村　健　明星大学教授

＜著者＞

福本　徹（ふくもと・とおる）
国立教育政策研究所　教育研究情報センター主任研究官
大阪大学大学院基礎工学研究科情報工学分野修士課程・東京工業大学大学院社会理工学研究科人間行動システム専攻博士課程修了。
1994年キヤノン株式会社入社，2005年国立教育政策研究所に着任，2007年より現職
データベース，資料を活用した学習指導，メディアリテラシーの研究に従事。
主な著書・論文『学校図書館メディアの構成－シリーズ学校図書館学第2巻―』（全国学校図書館協議会・共著），『管理職のための「教育情報化」対応ガイド』（教育開発研究所・共著），"An Analysis of Image Retrieval Behavior for Metadata Type Image Database" *Information Processing & Management* Vol.42 No.3,「メディアリテラシー教育から見た学校図書館」『学習情報研究』2009年11月号

［ベーシック司書講座・図書館の基礎と展望9］
図書館施設特論

2012年3月5日　第1版第1刷発行

　　　　　　　　　　　　　　　監修　二村　　健
　　　　　　　　　　　　　　　著者　福本　　徹

発行者　田中　千津子　　〒153-0064　東京都目黒区下目黒3-6-1
　　　　　　　　　　　　電話　03（3715）1501㈹
発行所　株式会社 学文社　FAX　03（3715）2012
　　　　　　　　　　　　http://www.gakubunsha.com

©Tōru Fukumoto 2012　　　　　　　　　　　印刷　新製版
乱丁・落丁の場合は本社でお取替えします。
定価は売上カード，カバーに表示。

ISBN-978-4-7620-2199-2